MAFIE

da un'idea di
Attilio Bolzoni

LA MAFIA
DOPO
LE STRAGI

cosa è oggi e come è cambiata dal 1992

EDITORE
Melampo

Una parte del ricavato delle vendite di questo libro contribuirà a finanziare studi e approfondimenti sulla criminalità organizzata

Coordinamento del progetto Massimiliano Di Giovanni
Redazione Paola Murru
Grafica di copertina e impaginazione Veronica Bonalumi

ISBN 978-88-98231-84-3

Indice

PARTE PRIMA
L'ESTATE DELLE BOMBE

Sappiamo tutto e niente

Dov'è? Dove si è nascosta? Dove la dobbiamo cercare? "Io non so più come fotografarla perché non la vedo", dice Letizia Battaglia che con i suoi scatti l'ha fatta conoscere al mondo. Per parlare di mafia e di mafie siamo partiti da una grande fotografa e dal suo buio.

Oggi, un quarto di secolo dopo le uccisioni di Giovanni Falcone e Paolo Borsellino, è cambiato tutto. Le grandi organizzazioni criminali si sono trasformate in élite che puntano ad accorciare le distanze fra mondo legale ed illegale, hanno preso altre forme, infranto per sempre il tabù delle loro sovranità territoriali.

Cosa Nostra, dopo le stragi che ha voluto nel 1992, è stata scompaginata da una repressione poliziesca-giudiziaria senza precedenti. Totò Riina è morto, la mafia siciliana è alla ricerca di un capo, ma soprattutto di se stessa. La 'Ndrangheta, che ha vissuto nell'ombra e indisturbata per decenni, così si è potuta arricchire conquistando il primato dei traffici di stupefacenti e colonizzando intere regioni italiane. La Camorra si è disintegrata in arcipelaghi criminali. Organizzazioni autoctone e straniere hanno occupato strisce di terre libere e, di volta in volta, trattato una pacifica e redditizia convivenza con i clan più ricchi e potenti. Un rimescolamento epocale. Boss che comandano al Sud e che impongono la loro legge anche al Nord, a Milano, in Emilia Romagna, nella lontana Val d'Aosta. E a Roma, capitale di un'Italia che ha sempre più "voglia" di mafia.

Con ministri dell'Interno che hanno fatto finta di non vedere, con prefetti e sindaci e governatori – di sinistra e di destra – che hanno dolosamente minimizzato l'avanzata criminale nel Paese, con una parte della "società civile" che ha accettato la promiscuità con i mafiosi e accolto i loro capitali sporchi.

Se da una parte lo Stato – per la prima volta nella sua storia – ha reagito con decisione e continuità alla "guerra" scatenata dai corleonesi e culminata con gli atti finali di Capaci e di via d'Amelio, dall'altra c'è voluto molto tempo prima di analizzare i grandi mutamenti criminali, per intuire quali sono state le scelte strategiche delle mafie e i loro riposizionamenti nella politica, nell'economia, nella finanza. Sulle stragi di venticinque anni fa sappiamo tutto e niente. La mafia che le ha ideate e realizzate non c'è più. Ci è stata consegnata una verità che è tanta ma che non è abbastanza.

Le inchieste giudiziarie che si sono aperte e sovrapposte hanno individuato con rigore le responsabilità dei boss, svelando depistaggi, smascherando falsi pentiti, ricostruendo lo scenario in cui quelle stragi sono state progettate. Ma non ci dicono ancora se Totò Riina ha fatto tutto da solo. Verità cercate e verità negate: resta ancora il vuoto dei "mandanti altri" o dei "concorrenti esterni". Suggeritori o complici, che in quel momento avrebbero potuto avere un interesse comune per sbarazzarsi di Falcone e Borsellino e far scivolare il Paese nel caos.

Come arrivare a una narrazione accettabile su ciò che è veramente avvenuto? Tendiamo sempre a confondere la verità giudiziaria con quella storica, ma dopo tanto tempo le certezze dei processi non bastano a farci comprendere cosa è accaduto in quell'ormai lontana estate del 1992. Così è nato – il 9 gennaio del 2017 – il blog Mafie su *Repubblica.it*. Un diario digitale che si è proposto come luogo di dibattito, d'informazione e di riflessione sui temi che possono orientarci sulle mafie e sulle loro trasformazioni. Con il contributo quotidiano di autorevoli commentatori – storici, giornalisti, giuristi, magistrati, esperti di criminalità e rappresentanti del mondo dell'associazionismo e della cultura – siamo andati avanti ogni giorno per un anno. Racconti, opinioni, approfondimenti, dossier, ricerche.

Un dialogo a più voci, aperto a tutti, idee diverse a confronto per superare i dogmi di un'antimafia sempre più "setta", cerimoniosa e ubbidiente, consociativa e addomesticata, prigioniera dei suoi riti, attratta dal potere e appesa ai finanziamenti pubblici, insofferente alle critiche e incapace di riconoscere il proprio nemico. Un'antimafia che è diventata anche "materia d'indagine" per molte procure italiane. Gli articoli del blog Mafie adesso finiscono su queste pagine, nel primo volume di una collana che vuole "fissare" su carta i preziosi interventi e le firme che si sono alternate. Un blog da "sfogliare". Cominciamo con la mafia dopo le stragi, articoli pubblicati nel gennaio e maggio dell'anno scorso. È una prima raccolta, ne seguiranno altre.

Mafia è diventata la parola italiana più famosa al mondo. Più di pizza, più di spaghetti. Un marchio che qualcuno tenta di spacciare ancora per "normalità". Ecco, con questo nostro lavoro vorremmo evitare di abituarci a quella "normalità".

In questa breve presentazione abbiamo unito i due "editoriali" che aprono la parte prima ("Verità cercate e verità negate") e la parte seconda della raccolta ("Una nuova epoca mafiosa") per anticipare i temi trattati e indicare una traccia da seguire. Una piccola guida alla lettura.

Attilio Bolzoni

Roma, gennaio 2018

PARTE PRIMA
L'ESTATE DELLE BOMBE

Verità cercate e verità negate

di Attilio Bolzoni e Salvo Palazzolo

Cosa è avvenuto nell'anno 1992 in Italia quando con le uccisioni di Falcone e Borsellino – e con Tangentopoli – crolla la Prima Repubblica? Dopo venticinque anni la mafia che ha ideato ed eseguito quelle stragi non c'è più, spazzata via da una repressione poliziesca e giudiziaria senza precedenti. Totò Riina è ormai un clown in cattività, non ha più un popolo, non ha più esercito, alla resa dei conti a Cosa Nostra ha provocato più danni del pentito Buscetta. Lui e i suoi corleonesi sono tutti carichi di ergastoli e non usciranno mai vivi dalle carceri, un risultato mai ottenuto prima: la Cupola incastrata per sempre.

Eppure dopo un quarto di secolo ci è stata consegnata una verità che è tanta ma che non è ancora abbastanza. Le inchieste giudiziarie che si sono aperte e sovrapposte hanno individuato con rigore le responsabilità dei boss, svelando depistaggi, smascherando falsi pentiti, ricostruendo lo scenario in cui quelle stragi sono state progettate. Ma non ci dicono se Totò Riina ha fatto tutto da solo.

Prima Giovanni Falcone, poi Paolo Borsellino, poi ancora l'attentato a Maurizio Costanzo in via Fauro, le bombe ai Georgofili di Firenze e quelle di Milano e di Roma. Volevano anche far saltare in aria la Torre di Pisa e uccidere cento carabinieri allo stadio Olimpico. Solo Totò Riina?

Verità cercate e verità negate, venticinque anni dopo resta l'ombra e il vuoto dei "mandanti altri" o dei "concorrenti esterni". Suggeritori o complici, che in quel momento avrebbero potuto avere un interesse comune per sbarazzarsi di Falcone e Borsellino e far scivolare il Paese nel caos. Come arrivare a una narrazione accettabile su ciò che è veramente avvenuto? La mafia? E con chi? Per conto di chi?

Tendiamo sempre a confondere la verità giudiziaria con quella storica, ma dopo così tanto tempo le certezze dei processi non bastano a colmare un vuoto. Il muro di omertà della mafia intanto è crollato, il muro di omertà dello Stato è ancora intatto. Nessuno parla.

Quel cratere sull'autostrada che dall'aeroporto di Punta Raisi si allunga fino a Palermo sembra troppo grande per entrare in un'aula di giustizia. In questo venticinquesimo anniversario, abbiamo chiesto un ricordo o un pensiero a personaggi che in quel 1992 sono stati testimoni della tragedia italiana e ad altri che – negli anni successivi – quella tragedia l'hanno esplorata e sofferta.

Cominciamo da una donna che porta dentro di sé la memoria, Tina, la moglie di Antonio Montinaro, il caposcorta di Giovanni Falcone. Per troppi anni quei ragazzi sono rimasti solo "quelli della scorta", senza nome, senza volto, esclusi vergognosamente anche dalle parate ufficiali e dalle rievocazioni con la fanfara. Morti di serie minore.

Uomini dello Stato dimenticati. Con una lettera di Tina ad Antonio apriamo il blog Mafie sulle stragi del 1992.

Dedicato ad Antonio Montinaro, a Vito Schifani, a Rocco Dicillo, i poliziotti della "Quarto Savona 15", gli angeli custodi di Giovanni Falcone.

Salvo Palazzolo, giornalista del quotidiano "la Repubblica". Vive e lavora a Palermo, dove da vent'anni si occupa di mafia. Tra i suoi libri "Ti racconterò tutte le storie che potrò" (con Agnese Borsellino), "Collusi" (con Nino Di Matteo), "Se muoio, sopravvivimi" e "I pezzi mancanti".

Caro Antonio, ti racconto questi venticinque anni

di Tina Montinaro

Caro Antonio, marito mio, questa è una lettera per te.

… Beh, vuoi sapere cosa è successo in questi ultimi venticinque anni? Non è proprio semplice da spiegare e sinceramente credo ci vorrebbero 100 lettere e 1000 pagine per poterlo raccontare, ma cercherò di darti un'idea.

È cambiato tanto, non c'è dubbio; dopo quella tragica data, la coscienza dei palermitani sembra essersi risvegliata. Ci volevano le due stragi per portare migliaia di persone giù in strada? Non lo so, non riesco a capirlo, ma è un dato di fatto; da quelle date si è cominciata a sviluppare una genuina coscienza antimafia che però, ahimè, ti devo confessare, credo che negli ultimi anni si sia persa. I familiari delle vittime vanno nelle scuole, parlano a ragazzi che in quegli anni non erano nati, ma ti sembra giusto che la difesa della memoria tocchi a tutti noi che già così crudelmente siamo stati colpiti?

Certo, oggi raramente si sente di uccisioni o regolamenti di conti mafiosi, la strategia stragista è rientrata, ma non credo di poterti rassicurare sul fatto che tutto questo sia sinonimo di una vittoria sulla mafia; a mio avviso la mafia c'è ancora ed è presente più che mai; certo, è cambiata, camale-onticamente si è adattata alle circostanze, ha compreso che il terrore non paga e si è inabissata nuovamente nei luoghi più profondi della società. Paradossalmente ora, il rischio più grande è quello di rivivere i momenti precedenti alla strategia del terrore, quei momenti in cui tutto sembrava normale, quando invece di normale non c'era nulla.

Ecco perché oggi giro l'Italia in lungo e in largo, mi dovresti vedere, ho fatto dell'Italia civile la nuova "Quarto Savona 15", e naturalmente adesso sono io il caposcorta; ecco perché voglio parlare ai giovani, è necessario che loro sappiano, che loro conoscano, per non lasciarsi sopraffare dalla stessa indifferenza che ci ha portato a quei tanto devastati tempi.

No, non è stato facile in questi venticinque anni, oggi Gaetano e Giovanni sono grandi, lavorano ed hanno la loro vita, ma come dimenticare i tempi della scuola, le domande sul loro papà e l'assenza in famiglia, i silenzi ed i pianti senza farmi vedere.

No, non è stato facile; certo, ho trovato tante persone per bene sul mio cammino, gente che mi è stata e mi sta accanto e mi aiuta in questa lotta senza quartiere, però i conti con me stessa, quelli, li ho dovuti fare da sola, senza l'aiuto di nessuno.

Vuoi sapere qual è la mia più grande paura? Forse sorriderai, ma la mia più grande paura, Antonio mio bello, è che un giorno, quando ci rivedremo, tu non mi riconosca. Sei rimasto giovane e bello, i tuoi ventinove anni sono diventati eterni, mentre i miei hanno continuato inesorabilmente a scorrere, ogni ruga sul mio viso è una sofferenza che ho vissuto sulla mia pelle e solo tu, un giorno, potrai lenire e porre fine a quell'urlo che in me, da venticinque anni, non ha mai smesso di farsi sentire.

Ti bacio Antonio, marito mio. Tua per sempre,

Tina

Tina Martinez Montinaro, moglie di Antonio Montinaro (Calimera, 8 settembre 1962 - Capaci, 23 maggio 1992), poliziotto, capo della scorta del giudice Giovanni Falcone.

Parte tutto dall'Addaura

di Luca Tescaroli

Sono trascorsi cinque lustri da quella strage del 23 maggio 1992. Il tempo passato ha ingiallito i ricordi, che cominciano a scolorire persino per chi ha vissuto quegli anni, ma non per me, perché l'impegno nelle indagini e nei processi di I e II grado hanno segnato sensibilmente la mia formazione professionale, allora agli inizi, e la mia vita.

Verità mancanti, verità scoperte. Queste ultime sono indispensabili per comprendere se le prime esistano e, conseguentemente, se sia possibile giungere, sul terreno giudiziario, a individuare ulteriori responsabilità in capo a chi ha avuto interessi convergenti con quelli preminenti dei mafiosi. Un dato che può essere stabilito solo da una sentenza passata in giudicato.

È certo che abbiamo assicurato alla giustizia gli appartenenti a Cosa Nostra che hanno ideato, deliberato ed eseguito la cosiddetta strage di Capaci, e individuato dei perché dell'agguato: il sentimento di vendetta che animava i vertici del sodalizio, attuato dopo che il 30 gennaio del 1992 si chiuse il maxiprocesso con il riconoscimento definitivo, per la prima volta, dell'esistenza di Cosa Nostra, della sua strut-

23

tura verticistica e delle sue regole organizzative e operative; la ragione di carattere preventivo, si voleva cioè bloccare l'attività successiva di Falcone. Trentasette le condanne definitive, di cui ventiquattro all'ergastolo, per la prima volta sono stati condannati persino gli esponenti della Commissione regionale, il massimo organo di vertice dell'organizzazione, la cui funzione deliberativa non era conosciuta.

Un altro processo è in fase di celebrazione per verificare la responsabilità di altri mafiosi che hanno contribuito a fornire parte dell'esplosivo. Anche per la strage dell'Addaura programmata per il 20 giugno 1989, che aveva come principale obiettivo Falcone, sono state inflitte sei condanne definitive.

Si tratta di straordinari risultati e le due vicende drammatiche, correlate sebbene collocate a distanza di quasi tre anni, non sono rimaste avvolte dal mistero, contrariamente a quanto, invece, accaduto per numerosi episodi stragisti nel nostro Paese.

È oggettivo che i fatti del 23 maggio 1992 determinarono e accelerarono la nomina del Presidente della Repubblica Oscar Luigi Scalfaro, sull'onda emotiva dello sdegno, a valle del cosiddetto "ingorgo istituzionale", caratterizzato dallo scioglimento delle Camere, dalle dimissioni del Presidente della Repubblica, dalla corsa elettorale proiettata sulle nuove elezioni politiche, fissate il 5 aprile 1992.

È un dato di fatto che Cosa Nostra non è asservita, né tantomeno è mera esecutrice di ordini impartiti da "entità" esterne, semmai è portatrice di interessi convergenti con esponenti delle stesse. Altrettanto certo è che i cosiddetti committenti oscuri dello stragismo, sebbene strenuamente ricercati, non sono stati individuati, benché ogni spunto di indagine sia stato sviluppato. Per formazione professionale e culturale, debbo dunque dire che non esistono.

Permane, tuttavia, un'ansia di conoscenza e un alone di mistero attorno ad alcuni segmenti dello stragismo che passano attraverso l'attentato di Capaci, alimentato da anomalie e specifiche acquisizioni investigative, utili per ipotesi di lavoro e di riflessione da parte di chi, sul piano storico o politico, vuole cercare di ricostruire una realtà complessa.

Il punto di partenza: l'estate del 1989 con il fallito attentato all'Addaura e i suoi nodi irrisolti, ruotanti attorno alla sparizione delle parti del congegno e all'operato dell'artificiere dei carabinieri, il brigadiere Francesco Tumino, ai silenzi del collaboratore Francesco Di Carlo motivati dalla carenza di fiducia in determinati "apparati dello Stato", all'invio delle lettere del famigerato "Corvo".

Le sette stragi terroristico-eversive (Capaci, via d'Amelio e i cinque attentati nel continente nelle città di Roma, Firenze e Milano), nell'arco di 14 mesi, dal 23 maggio 1992 al 28 luglio 1993. Gli omicidi di Salvo Lima e di Ignazio Salvo, gli attentati a sedi e beni della Democrazia Cristiana, la collocazione di una bomba da mortaio nei giardini di Boboli a Firenze, i 15 delitti progettati nei confronti di esponenti delle Istituzioni, le idee di disseminare di siringhe infette la costa della Romagna e quella di avvelenare, qua e là, qualche pacco di merendine, con gli interrogativi rimasti senza risposta esauriente, che inducono a ritenere mancante una parte della verità sulla strage di Capaci e sull'articolata strategia criminale di attacco allo

Stato in cui si inserisce, sintetizzata dalle parole di Riina, secondo il racconto di Filippo Malvagna: "Bisogna prima fare la guerra per poi fare la pace".

Perché compiere in Sicilia, nella stessa città, a Palermo, a distanza di 57 giorni, due stragi così efferate a Capaci (in realtà nel territorio di Isola delle Femmine) e in via Mariano d'Amelio? Come è possibile che i corleonesi non avessero messo in conto la reazione dello Stato, che avrebbe potuto annientarli? Quali le reali finalità dei negoziati, avviati nella fase di preparazione dell'eccidio di Capaci e tra lo stesso e quello successivo di via d'Amelio, intercorsi tra responsabili delle Istituzioni, Paolo Bellini e i vertici di Cosa Nostra? Quali i rapporti tra tali negoziati e il disegno mafioso volto a individuare nuovi referenti politici capaci di assicurare benefici e di intervenire sulla legislazione all'epoca vigente di contrasto al crimine organizzato? Come mai è stato rinvenuto un bigliettino sul luogo teatro della strage di Capaci, recante l'annotazione "guasto numero 2 portare assistenza settore numero 2, GUS, via Selci numero 26, via Pacinotti" e un numero di utenza cellulare risultato intestato a un funzionario appartenente al Sisde?

Chi erano le persone interessate all'eliminazione di Falcone che incontrarono Francesco Di Carlo nel carcere inglese di Full Sutton?

Come mai è stato trovato morto in cella, a Rebibbia, uno dei principali esecutori della strage di Capaci, Antonino Gioè, che fu in contatto con Paolo Bellini, lasciando un'enigmatica lettera testamento?

Sussiste una correlazione ulteriore rispetto a quella temporale tra le indagini di Tangentopoli e lo stragismo mafioso? Perché non è stata ripetuta la strage pianificata per lo stadio Olimpico, non riuscita per il mancato funzionamento del congegno deputato ad azionare il telecomando, diretta a colpire, con un'autobomba, decine di carabinieri, in servizio di ordine pubblico?

La coscienza critica e morale della società civile impone risposte convincenti.

Luca Tescaroli, magistrato. È il pubblico ministero che ha seguito l'inchiesta sul fallito attentato all'Addaura contro Giovanni Falcone e poi quella sulla strage di Capaci. Oggi è alla Procura della Repubblica di Roma dove ha indagato anche su "Mafia Capitale".

Perché finirono quegli atti di guerra?

di Gherardo Colombo

Il 23 maggio 1992, mentre la mafia faceva saltare per aria l'autostrada a Capaci, io ero a Milano, nel carcere di San Vittore, a interrogare il presidente di un ente pubblico in custodia cautelare per una serie di reati di corruzione. Ho appreso la notizia la sera, uscendo, da un agente della polizia penitenziaria, affranto. "Ha sentito, dottore, cosa è successo in Sicilia?". Lì ho saputo, e, quando il dolore lo ha consentito, tra i tanti pensieri e gli interrogativi è rimasta insistente una domanda. Perché, per uccidere Giovanni Falcone, la mafia ha compiuto un atto di guerra?

Purtroppo a ricordare la strage rimane solo una stele lungo l'autostrada, all'altezza del luogo dell'attentato, stele che può essere notata e collegata a quel terribile evento soltanto da chi passando di lì, e sapendo che c'è, la cerca con lo sguardo. Ed allora oggi si è attenuato il ricordo di cosa è stato fatto per compiere il massacro, e ci si dimentica che è stato compiuto un atto di guerra (fosse stato per me avrei lasciato la situazione come si presentava dopo lo scoppio, perché chiunque transitasse sull'autostrada – due bretelle a fianco del disastro l'avrebbero consentito – potesse vedere

29

cosa aveva fatto la mafia per disfarsi di uno dei magistrati che odiava).

Credo non fosse imprevedibile che si potesse attentare alla vita di Giovanni: si era usciti, da poco, dalla terribile stagione del terrorismo, durante la quale erano stati uccisi tanti giudici, ma non era cessata l'abitudine della mafia di ammazzare i magistrati che lavoravano con capacità e determinazione nei processi che la riguardavano: nel 1983 Rocco Chinnici, nel 1988 Antonino Saetta, nel 1991 Antonino Scopelliti, per citare chi aveva, o avrebbe avuto se fosse rimasto in vita, relazione con il maxiprocesso. E solo poco più di due mesi prima dell'attentato a Falcone era stato assassinato Salvo Lima, da tanti indicato come il tramite tra la mafia ed il potere di Roma.

Giovanni, nonostante la scorta, lo avrebbero potuto eliminare con molto meno fragore: sarebbe bastato un cecchino, per esempio. E invece no, un'autostrada sventrata, un'azione clamorosa che sarebbe stata seguita da un'azione altrettanto dirompente dopo neanche due mesi. Una strage in via d'Amelio, vittima questa volta Paolo Borsellino, anche lui come Giovanni insieme alle persone che erano con lui. Che la mafia avrebbe cercato di eliminare Paolo era ancora più prevedibile, ma pensavo che si sarebbe riusciti a impedirglielo. Invece, deflagra un'autobomba di potenza tale da trasformare la via in una strada dell'Aleppo di oggi, una di quelle strade che vediamo quasi quotidianamente in tivù martoriate dai bombardamenti. Anche qui un atto di guerra, e anche qui la domanda: perché?

Assassinando in quel modo Giovanni e Paolo, la mafia ha

parlato. Non si è limitata a togliere di mezzo due magistrati che l'avevano, e continuavano a farlo, messa alle strette, ma ha usato un linguaggio per comunicare qualcosa a qualcuno. Si può capire il linguaggio, guardando da fuori? Non è facile, perché tante sono le interpretazioni possibili.

Prima alternativa: si è trattato di un linguaggio comprensibile a tutti (più o meno come quello usato nella strategia della tensione: guardate che se le cose vanno avanti così le conseguenze sono disastrose) oppure interpretabile soltanto da chi aveva gli strumenti per decodificarlo (diretto, per esempio, a chi fino ad allora aveva contribuito ad evitare che la mafia subisse la giustizia penale)? Una volta sciolto questo dilemma, ecco altre alternative: nel primo caso lo scopo era distogliere l'attenzione da Mani Pulite, un'indagine che stava diventando pericolosa; oppure si era gettato un amo per cercare nuovi alleati nella politica, nel timore che i vecchi stessero scomparendo? E nel secondo, era un ulteriore avvertimento a chi ancora non aveva inteso il significato dell'omicidio di Salvo Lima? Era una tappa di un percorso già avviato verso ambienti con i quali instaurare nuovi rapporti? Era qualcosa che ancora oggi nemmeno si riesce ad ipotizzare?

Sta di fatto che la mafia non si ferma il 19 di luglio. Il 17 settembre 1992 uccide vicino a Palermo Ignazio Salvo, indicato come un altro *trait d'union* con i palazzi della politica. L'anno successivo scoppiano le bombe a Roma in via Fauro, a Firenze in via dei Georgofili, ancora a Roma a San Giorgio in Velabro e a San Giovanni in Laterano, a Milano in via Palestro. E infine nel gennaio 1994 fallisce un attentato allo stadio Olimpico che sarebbe stato sanguinosissimo.

Ci si trova di fronte ad altri interrogativi: queste nuove azioni sono collegate alle precedenti? Lo sono soltanto alcune (omicidio Salvo) o lo sono tutte (Salvo e i nuovi attentati)? Perché l'insistenza? E ancora, cosa ha voluto esprimere la mafia con il linguaggio utilizzato, al di là del risvolto palese, consistito nel rendere chiaro che qualunque bersaglio sarebbe stato raggiungibile?

Sono passati venticinque anni dai massacri di Capaci e di via d'Amelio. Mi chiedo se, andando oltre i processi e le sentenze, che pure hanno accertato le responsabilità dei livelli maggiormente coinvolti con l'esecuzione dei fatti, sia possibile sciogliere gli enigmi che si nascondono ai livelli più elevati, quelli nei quali vengono prese le decisioni.

Io credo che una cosa sia certa: le azioni (in questo caso gli atti di guerra) si commettono, i linguaggi si usano per ottenere risultati. Se questi non arrivano, le azioni si ripetono. Salvo che ci si rassegni a non raggiungerli mai, o che diventi troppo difficile ottenerli, per il contrasto della società civile e delle Istituzioni. La mafia nel 1994 ha smesso di compiere atti di guerra. Si è rassegnata, ha raggiunto gli scopi che perseguiva, o è stata costretta ad abbandonarli? Secondo me, per capire fino in fondo, occorrerebbe ripartire da qui.

Gherardo Colombo, ex magistrato, saggista. Prima giudice istruttore e poi sostituto procuratore della Repubblica a Milano. Ha condotto le inchieste su "Mani Pulite", la Loggia P2 e sull'omicidio di Giorgio Ambrosoli. Ha firmato numerosi libri tra i quali: "Il vizio della memoria", "Democrazia" e "Lettera a un figlio su Mani Pulite".

Ecco le nostre indagini sui massacri di Palermo

di Sergio Lari

Sono trascorsi venticinque anni dalla "stagione delle stragi" e coloro i quali nel 1992 non erano ancora nati o erano troppo giovani probabilmente non possono rendersi pienamente conto di quali rischi abbiano corso, a quell'epoca, le nostre Istituzioni a causa della pericolosità sociale, economica e militare di Cosa Nostra ed al contempo di quanto grande debba essere il debito di gratitudine dei cittadini italiani nei confronti dei tanti, troppi, servitori dello Stato che hanno perso la vita soltanto per avere fatto il proprio dovere fino in fondo.

Di questa consapevolezza non sono certamente privi gli appartenenti alla mia generazione, in specie quelli che, come me, per ragioni legate alla professione esercitata, non soltanto hanno vissuto da dentro le Istituzioni giudiziarie questi ultimi quattro decenni, ma hanno anche avuto l'opportunità di frequentare magistrati come Giovanni Falcone, Francesca Morvillo e Paolo Borsellino, divenendo testimoni privilegiati delle loro vicende umane e professionali, fino al tragico epilogo delle loro esistenze.

Avendo vissuto questa esperienza, so bene che se gli artefici della uccisione di Falcone e Borsellino furono gli uomini di Cosa Nostra, che identificavano in essi i due magistrati simbolo della lotta alla mafia, è anche vero che la loro vita professionale, in specie quella di Falcone, fu segnata da una quantità impressionante di delegittimazioni provenienti dal mondo delle Istituzioni cui essi stessi appartenevano.

Sarebbe pertanto semplicistico, e non corrispondente al reale svolgersi degli eventi storici che hanno caratterizzato la loro vita, ridurre la testimonianza sugli anni che precedettero la loro tragica scomparsa al conflitto con la mafia sanguinaria dei corleonesi.

Ma, piuttosto che rivisitare questa parte del loro vissuto, risalente al periodo compreso tra i primi Anni Ottanta ed il 1992, preferisco raccontare di quando, per ragioni legate alla mia professione, mi sono inaspettatamente dovuto cimentare in nuove e complesse indagini, volte a ricostruire giudiziariamente l'epilogo del percorso esistenziale di Giovanni e Paolo.

Correva l'anno 2008 ed alla fine del mese di giugno trovai sulla mia scrivania di procuratore della Repubblica di Caltanissetta, incarico che ricoprivo da appena tre mesi, un verbale di colloquio investigativo di Gaspare Spatuzza, uomo d'onore di Cosa Nostra, già reggente del mandamento mafioso di Brancaccio e fedelissimo dei fratelli Giuseppe e Filippo Graviano, il quale aveva confessato di avere partecipato a tutta la campagna stragista avviata da Cosa Nostra il 23 maggio del 1992 con la strage di Capaci e terminata nel gennaio 1994, a Roma, con il fallito attentato all'Olimpico.

A seguito di numerosi interrogatori cui sottoposi lo Spatuzza, e dopo lo studio di centinaia di faldoni relativi ai precedenti processi sulle stragi, mi resi conto che le sue dichiarazioni, oltre ad essere in insanabile contrasto con molte delle precedenti acquisizioni investigative e processuali relative alla strage di via d'Amelio, presentavano contenuti di rilevante novità rispetto a quanto già accertato giudiziariamente in relazione alla strage di Capaci.

In altri termini, se Spatuzza diceva la verità, si presentava dinnanzi a me ed ai magistrati che mi affiancavano uno scenario a dir poco allarmante. Infatti, con riferimento alla strage del 19 luglio 1992, si profilava uno dei più clamorosi errori giudiziari o depistaggi della storia giudiziaria italiana, dovendo ipotizzarsi il pregresso mendacio di almeno quattro collaboratori di giustizia e la fallacia di tutte le connesse attività investigative e giudiziarie, con la conseguenza di dovere avviare nuove indagini destinate a mettere in discussione *"verità"* che ormai sembravano acquisite, essendo passate al vaglio di ben due processi (cosiddetti *"Borsellino uno"* e *"Borsellino bis"*) definiti con sentenze passate in giudicato.

In altre parole, non sarebbe bastato trovare le tessere mancanti di un mosaico (non reperite dalle precedenti indagini), ma sarebbe stato necessario uno sforzo investigativo di ben maggiore portata, consistente anche nella individuazione delle tessere false che qualcuno vi aveva inserito e nella rivalutazione delle precedenti acquisizioni investigative alla luce delle nuove emergenze probatorie.

La ricostruzione di quella vicenda si presentava, fin dal primo momento, di una complessità inaudita, poiché avrebbe richiesto la rivisitazione di tredici anni di indagini e processi, la ricerca di nuovi elementi di prova, l'individuazione di possibili interessi oscuri e di nuove responsabilità, ma anche di numerose vittime di errori giudiziari, molte delle quali condannate all'ergastolo.

Avrei, altresì, dovuto mettere in conto una atmosfera mass-mediatica resa difficile da inevitabili polemiche da parte di coloro che, di fronte alla notizia delle nuove rivelazioni, avrebbero potuto nutrire aspettative, alimentate da personali convinzioni, che rischiavano di essere deluse dall'esito di indagini necessariamente ispirate alla logica della rigorosa acquisizione della prova cui avrebbe dovuto attenersi il mio ufficio.

Con riferimento alla strage di Capaci, fortunatamente, non si profilavano errori giudiziari o depistaggi, ma si aprivano nuove ed inedite piste investigative, con collegamenti alle stragi del 1993 sul continente, anch'esse non facili da percorrere a distanza di sedici anni da quei tragici eventi.

Si può immaginare di quale responsabilità mi sia dovuto far carico insieme ai magistrati del mio Ufficio, dovendo affrontare una indagine di tali proporzioni senza avere neppure le risorse umane e materiali necessarie, poiché la Direzione distrettuale antimafia presentava, nel 2008, una rilevantissima scopertura dell'organico e non meno grave era la situazione della DIA di Caltanissetta, organismo investigativo del quale intendevo avvalermi.

Ed invero, per affrontare un compito così complesso, ho dovuto impegnarmi in prima persona nell'espletamento delle indagini, pur essendo contemporaneamente onerato della direzione della Procura, ed ho potuto contare soltanto sulla collaborazione di pochissimi magistrati della DDA, i quali, tranne un sostituto che mi ha affiancato fin dal primo momento, sono subentrati in corso d'opera, a decorrere dal settembre del 2009, avvicendandosi nel corso degli anni in un continuo "turn over".

Tuttavia, non sarebbe stato possibile portare a termine le indagini senza il contributo degli investigatori della DIA, i quali hanno mostrato una professionalità, una conoscenza del fenomeno mafioso ed uno spirito di servizio a dir poco eccezionali.

Al fine di colmare i diversi *"vuoti di conoscenza"* ereditati da precedenti indagini e processi, le investigazioni svolte dal "pool stragi" della DDA di Caltanissetta sono state condotte lungo un doppio binario. Infatti, è stato necessario sia individuare gli errori giudiziari commessi e scagionare le persone ingiustamente condannate (che alla fine sono risultate complessivamente undici, di cui sette condannate all'ergastolo), sia trovare le prove a carico dei nuovi responsabili della strage, individuati complessivamente in nove persone, di cui cinque mai prima sospettate di avere partecipato all'eccidio.

Per quanto riguarda la strage di Capaci, è stato possibile portare a giudizio, nell'ambito di due distinti processi, otto persone, sette delle quali appartenenti alla organizzazione mafiosa Cosa Nostra e segnatamente al mandamento di Brancaccio, che ebbe il compito di procurare tutto il tritolo adoperato per l'eccidio del 23 maggio.

Quasi tutti i processi scaturiti da queste indagini sono ancora in corso, ma ciò che occorre evidenziare è che l'impianto accusatorio ha retto al vaglio della magistratura giudicante nei vari gradi di giudizio, per cui occorre riconoscere ai magistrati del "pool stragi" della DDA di Caltanissetta di avere operato con una professionalità che fa onore alla magistratura italiana.

In occasione di questo anniversario, rammentare l'impegno profuso per consentire l'accertamento della verità sulle stragi del 1992 e dimostrare, al contempo, che lo Stato italiano, malgrado il lungo tempo trascorso, non ha dimenticato i suoi caduti, costituisce il migliore omaggio possibile alla loro memoria.

Sergio Lari, magistrato. Procuratore aggiunto della Repubblica a Palermo, poi procuratore capo e procuratore generale della Repubblica di Caltanissetta. Ha riaperto le indagini sulla strage Borsellino dopo le rivelazioni del pentito Gaspare Spatuzza.

Serve un racconto onesto della nostra storia

di Bianca Stancanelli

È di Giovanni Brusca, detto *scannacristiani,* un'interpretazione tutta politica della strage di Capaci. L'attentato contro Giovanni Falcone, secondo Brusca, venne organizzato, in tutta la sua eclatante, distruttiva potenza, allo scopo primo di impedire a Giulio Andreotti di diventare Presidente della Repubblica.

Il progetto – è sempre Brusca a dirlo – era il frutto dell'intelligenza criminale di Salvatore Riina. Dettaglio non secondario: in quella primavera del 1992, mentre in Parlamento si succedevano le inconcludenti votazioni sul nuovo capo dello Stato, il nome di Andreotti come possibile candidato non era ancora stato formulato. Sappiamo però da un andreottiano doc, Paolo Cirino Pomicino, che i segreti giochi parlamentari delle variegate truppe del divo Giulio, specializzate nel silurare le candidature ufficiali, congiuravano per arrivare a quell'obiettivo. È ancora Cirino Pomicino a dire che l'*attentatuni* fece esplodere quelle trame, proiettando al centro della scena l'imprevedibile e vittoriosa candidatura di Oscar Luigi Scalfaro.

Domanda: quale sottile intuito politico consentì a Riina, serenamente latitante nella sua bella villa palermitana, di indovinare il lavorio segreto di quelle trame parlamentari e il metodo per annientarle? Ci fu un suggeritore, qualcuno che orientò il capo di Cosa Nostra e sfruttò il suo risentimento anti-andreottiano, già manifestato con l'assassinio dell'eurodeputato Salvo Lima, il 12 marzo 1992?

Venticinque anni dopo, è saggio domandarselo, se è vero che la strage del 23 maggio, insieme con il moltiplicarsi delle inchieste su Tangentopoli, fu la premessa del crollo della Prima Repubblica, tanto che il cratere di Capaci inghiottì l'intero assetto politico che si era andato stabilizzando in Italia nel secondo dopoguerra. Cosa Nostra ebbe un ruolo di solo artificiere – letteralmente – in tutto questo? Non è di una verità giudiziaria che abbiamo bisogno. E non solo perché i verdetti farlocchi dei processi sulla strage di via d'Amelio ce ne hanno mostrato la fragilità. Ci serve, piuttosto, una verità storica, politica: un racconto finalmente onesto di che cosa è stata la nostra vita nazionale nell'ultimo quarto di secolo. E ci serve per il motivo elementare che una democrazia non può vivere ignorando le ragioni profonde della propria storia.

Bianca Stancanelli, giornalista e scrittrice. Prima cronista al giornale "L'Ora" di Palermo e poi inviata di "Panorama". Tra i suoi libri "La città marcia" e "A testa alta. Don Giuseppe Puglisi: storia di un eroe solitario".

Quelle "menti raffinatissime" mai trovate

di Giuseppe Ayala

Le ricorrenze sono momenti importanti perché contribuiscono a tenere in vita la memoria. Un patrimonio che l'intera collettività non può permettersi di disperdere. Non si costruisce il futuro senza il contributo del passato. Specie se si riflette sulla famosa frase di Françoise Sagan: "Non sappiamo mai cosa ci riserva il passato". E figurarsi il futuro!

Ma, al di là del momento celebrativo, sono anche occasioni utili a stimolare bilanci e riflessioni.

Sono trascorsi ben venticinque anni dalle tremende stragi del 1992. La prima considerazione da fare è la più amara: non conosciamo ancora tutta la verità sull'identità dei colpevoli, specie quelli estranei all'organizzazione criminale Cosa Nostra.

Non perdo occasione per ribadirlo perché tengo sempre ben presente l'opinione espressa da Giovanni Falcone subito dopo il fallito attentato dell'Addaura del giugno 1989. Queste le sue testuali parole: "Ci troviamo di fronte a menti raffinatissime che tentano di orientare certe azioni della mafia. Esistono forse punti di collegamento tra i vertici di Cosa Nostra e centri occulti di potere che hanno altri interessi. Ho l'impressione che sia questo lo scenario più attendibile se si vogliono capire davvero le ragioni che hanno spinto qualcuno ad assassinarmi".

Se quello era lo "scenario" del 1989, qualcuno deve allora dimostrarmi che, invece, quello del 23 maggio e del 19 luglio del 1992 fu diverso. Continuerò ad attendere con crescente scetticismo rimanendo, nel frattempo, un puntino non rassegnato in mezzo alla folla degli orfani della verità.

Cosa Nostra ha dovuto incassare le severe condanne inflitte ai suoi membri, anche di vertice, con meritevole continuità da molti anni. Dobbiamo, perciò, riconoscere che la forza repressiva dello Stato sull'organizzazione si è fatta sentire e continua a tenerla sotto pressione. Tanto da indurla ad un ormai consolidato cambio epocale di strategia.

Mi provoca una certa soddisfazione poter affermare: Cosa Nostra non ammazza più! Sono venticinque anni che non partecipo a un funerale di Stato!

Il dato è oggettivo e incontestabile. Ma guai a ritenerlo rassicurante. Nel senso che la rinuncia all'attacco militare allo Stato non va letta come segnale di indebolimento, ma di bilancio. Quello riguardante la "stagione delle stragi" chiuso, per i mafiosi, con molte poste negative e ben poche positive. E, perciò, da reimpostare.

E infatti, a ben riflettere, sin dagli Anni Ottanta il danno più consistente subito da Cosa Nostra non è stato soltanto quello provocato dai magistrati, specie con il maxiprocesso, ma quello conseguente alle scelte ottusamente sanguinarie di Salvatore Riina. Posso ora svelare che, con ironia spinta sino al paradosso, lo definii a suo tempo "il membro occulto del pool antimafia". E con qualche ragione.

Se non avesse scatenato, parallelamente agli omicidi di uomini delle Istituzioni, la cosiddetta "guerra di mafia" ci saremmo mai potuti avvalere delle preziose collaborazioni dei pentiti? Non c'è dubbio, per esempio, che Tommaso Buscetta mai avrebbe deciso di collaborare con la giustizia se non si fosse sentito braccato, anche nel lontano Brasile, dopo essere stato colpito negli affetti più cari con l'uccisione a Palermo dei due figli maschi, del genero, di un fratello e del figlio di costui. Analogo discorso vale per Totuccio Contorno e così via.

Un bilancio, per Cosa Nostra, disastroso, tanto quanto, invece, in attivo per le Istituzioni preposte al suo contrasto. Fermo restando l'altissimo prezzo pagato con la perdita di tanti fedeli servitori dello Stato.

Bernardo Provenzano sicuramente dissentiva ma, ben conoscendolo, mai ebbe il coraggio di provare a fermare Riina. Dopo l'arresto del quale rimase alla guida di Cosa Nostra sino alla cattura del 2006, inaugurando, a partire dal 1994, la nuova stagione post-stragista. La quale altro non è che la logica conseguenza dei danni cagionati all'organizzazione dalla dissennata furia omicida di Salvatore Riina.

Un'osservazione, a questo punto, s'impone. Ammesso che, per le ragioni sopra richiamate, ci sia ancora qualcuno tra i mafiosi disposto a seguirne le eventuali indicazioni, desta in me un certo stupore apprendere dai media che Riina è considerato ancora pericolosissimo dagli addetti ai lavori. Il che equivale a ritenere che ventiquattro anni di ininterrotta sottoposizione al 41 bis non sono bastati a isolarlo rispetto all'organizzazione criminale che lo ebbe al vertice.

Se così fosse, saremmo di fronte a una sorta di deposizione delle armi da parte dello Stato, incapace di concepire e rendere operativa una misura idonea a spezzare i legami dei capi mafia finiti in carcere con gli altri membri dell'associazione.

Per rimediare ci dovrebbe essere, allora, qualche novità all'orizzonte. Non risulta. Chi ci capisce è bravo. Io non lo sono.

In ogni caso, non c'è dubbio che negli ultimi trent'anni la situazione è davvero cambiata. Sino alla sentenza del maxiprocesso (1987) la conoscenza del fenomeno mafioso era assai vaga e confusa, anche se nessuno si permetteva più di riproporre il vecchio interrogativo: ma siamo sicuri che la mafia esiste? I tanti "omicidi eccellenti" e le centinaia di mafiosi uccisi non lo consentivano.

È una sentenza che segna un vero e proprio punto di non ritorno. Grazie anche al massiccio intervento dei media, quella conoscenza si è largamente diffusa e, con essa, la consapevolezza della gravità del fenomeno mafioso.

Ampi strati della cosiddetta società civile, lungo tutto lo Stivale, ne hanno preso atto. Sono così nati molti punti di riferimento e aggregazione dell'impegno antimafioso.

Si è, finalmente, compreso che la lotta alla mafia non poteva più riguardare soltanto la magistratura e le forze di polizia. Anche i cittadini dovevano schierarsi, scendendo dalla tribuna dalla quale, sino ad allora, avevano assistito alla partita. Sta tutta qui l'eredità più importante che ci ha lasciato l'irripetibile impegno di Giovanni Falcone e Paolo Borsellino.

Mi piace segnalare, in proposito, il meritorio ruolo svolto da moltissime scuole di ogni ordine e grado, i cui dirigenti e i corpi insegnanti si sono dati carico di arricchire la formazione dei loro alunni anche con l'educazione alla legalità, in generale, e alla lotta di liberazione dalla mafia, in particolare.

Altre note confortanti vengono dal fronte del "pizzo". In passato qualche imprenditore provò a ribellarsi all'odiosa imposizione, ma fu lasciato solo e finì con il pagare il prezzo più alto. Non mi avventuro nell'elenco, basta ricordare Libero Grassi. Oggi quelli che lo fanno sanno di non essere soli e, infatti, il loro numero aumenta. Assieme al portafoglio salvano anche la dignità e inducono altri ancora a seguire il loro esempio. Non è poco. E confesso che anni fa non ci avrei scommesso.

Sappiamo bene che il fronte dell'antimafia è assai variegato e non tutto genuino e trasparente. Gli esponenti di quel "professionismo" preconizzato, nel gennaio 1987, da Leonardo Sciascia si aggirano petulanti anche nei palazzi delle Istituzioni. Non c'è dubbio.

Laicamente ritengo che questo sia il prezzo da pagare alla diffusione di un impegno che, in molti casi, è davvero sincero e, perciò, assai utile alla causa. È una nuova forma di carrierismo in un Paese che da sempre ne è contaminato. Mettiamola così, nella paziente attesa del momento in cui anche quei furbastri saranno smascherati. A qualcuno di loro è già capitato. Buon segno.

Ho sempre sostenuto che questo tipo di antimafia altro non è che l'"indotto" della mafia. Con una sola nota comune: il potere di intimidazione. Molti, infatti, ne conoscono le malefatte, ma tacciono per paura di essere bollati di filomafiosità. Della serie: "Se attacchi me, che sono un paladino dell'antimafia, vuol dire che stai dalla parte della mafia".

Come nei confronti di quest'ultima, la scelta del silenzio diventa la meno coraggiosa ma, al tempo stesso, quella ritenuta più sicura. E, invece, come nei confronti della mafia, anche per loro dovrebbe valere l'antico diktat: "Chi sa, parli".

Temo di essere scivolato in un eccesso di fiducioso ottimismo. Ma che ci posso fare. Sono fatto così. Giovanni e Paolo, ben conoscendomi, lo sapevano e mi regalavano un sorriso. Che rimane il ricordo di loro che mi è più caro.

Giuseppe Ayala, ex magistrato, ex parlamentare, saggista. Pubblico ministero al primo maxiprocesso contro Cosa Nostra. Negli Anni Ottanta ha fatto parte del pool antimafia della Procura della Repubblica di Palermo. Ha firmato i libri "Chi ha paura muore ogni giorno" e "Troppe coincidenze".

La mia "diretta" Rai del 23 maggio 1992

di Salvatore Cusimano

Se chiedete a quelli della mia età di dirvi di rivivere il momento in cui hanno appreso della strage di Capaci non avranno esitazione nel riferirvi con chi si trovassero e che cosa stessero facendo.

Io invece non so dirvi dove mi trovassi e con chi fossi. Forse ero a casa con mia moglie, in un sabato pomeriggio libero dopo una settimana di lavoro intenso come lo era quello dei cronisti a quell'epoca. I miei ricordi di quella giornata sono legati solo e esclusivamente alla prima notizia ricevuta, alla mia corsa verso la Rai, agli sguardi disperati dei colleghi che con me condividevano speranze e preoccupazioni anche per la sorte di Giovanni Falcone e della lotta alla mafia. La memoria ti protegge facendo scolorire i ricordi più dolorosi.

Mi ritrovai in studio per una diretta passata alla storia con le immagini del magnifico Marco Sacchi che pagò di tasca sua cinquanta mila lire a un ragazzo perché lo portasse con la Vespa sul luogo del massacro, superando lo sbarramento che impediva l'accesso all'autostrada. Le sue riprese grezze, un flusso di coscienza televisivo, neppure montate vennero inviate a tutte le testate e, attraverso i circuiti internazionali, a

47

tutto il mondo che voleva sapere e vedere, incredulo, che la mafia, ma forse non solo la mafia, avesse osato tanto.

In studio attesi per un bel po' che fosse dato il via all'edizione straordinaria. Era in corso una trasmissione di grande successo, "Scommettiamo che", con Fabrizio Frizzi. Si seppe dopo che nei piani alti di viale Mazzini ci si interrogò molto sull'opportunità di interrompere la normale programmazione. Si temeva un effetto devastante sulla coscienza degli italiani. Era un'Italia in preda a una crisi di nervi, con le elezioni del nuovo capo dello Stato ancora incerte e con i partiti in ginocchio dopo lo tsunami di Tangentopoli. La strage sarebbe stata una scossa definitiva al vecchio sistema e in molti, non solo in Rai ma nel Paese, temevano per il proprio futuro.

Finalmente arrivò il via libera. Angela Buttiglione, allora conduttrice dell'edizione delle 20 del Tg1, si collegò con Palermo e mi diede la linea. Ero emozionato e stordito. Nella mente si affollavano mille domande, infuocate dalle poche parole che avevo potuto scambiare con alcuni dei miei colleghi più cari che non si fermavano mai alla superficie delle cose. Allo stesso tempo c'era la concitazione per sapere qualcosa di Francesca Morvillo, ancora in vita nel momento in cui entrai in studio.

Enrico Deaglio nel suo *Patria* ricorda quella diretta e sottolinea che nella mia cronaca improvvisata, a braccio, io già segnalassi la rivendicazione della Falange Armata. Un accenno. Non c'era stato modo di approfondire perché la linea doveva tornare alla rete per il proseguimento delle trasmissioni. A me sembrò una assurdità.

Il Paese voleva sapere, avevamo minuti e minuti di immagini drammatiche e invece si doveva tornare all'intrattenimento, alimentando una idea di normalità che era invece saltata in aria con la carreggiata dell'autostrada.

I giorni successivi furono frenetici. Alla ricerca di fonti affidabili in un momento in cui le partite aperte erano troppe e i giocatori non erano tutti trasparenti. E poi c'erano quelle domande ossessive. Una potenza di fuoco di quelle dimensioni poteva avere solo una matrice mafiosa? E chi aveva coperto i preparativi? Chi aveva deciso che fosse arrivato il momento di saldare conti antichi, aperti almeno sette anni prima, all'inizio delle collaborazioni dei primi "pentiti"? Quante "menti raffinatissime" c'erano dietro "l'attentatuni"?

Qualche ipotesi si è potuta avanzare solo nella seconda decade del secolo successivo. Con l'emersione di tanti soggetti che con la mafia hanno sempre dialogato: Gladio e (dopo la sua messa al bando) la Falange Armata. Agenti di un potere criminale quanto quello delle "coppole", che ha assicurato a suo modo il mantenimento dello status quo nel nostro Paese, all'interno di uno scenario internazionale in cui il cambiamento politico era considerato rischioso per gli equilibri fra i blocchi. Un esercito che dopo la "discovery" di Gladio era allo sbando, senza più né missione né finanziamenti e che quindi cercava di accreditarsi e mantenere il ruolo di "stabilizzatore" a suon di bombe, delegittimanti, campagne di disinformazione, anche in vista dell'assetto politico-istituzionale che da lì a poco si sarebbe determinato con la nuova tornata elettorale.

Quelle organizzazioni hanno dialogato con la mafia, usandola, e hanno garantito ampi margini di impunità in cambio del sostegno alla politica della conservazione. Falcone, Borsellino e i magistrati del pool si ritrovarono a indagare proprio in questa fase di crisi. Uomini onesti fra tanti burattini e burattinai. La loro sorte era segnata e solo un Paese diverso avrebbe potuto salvarli.

Salvatore Cusimano, giornalista. Oggi è responsabile della struttura Rai siciliana. Per più di trent'anni ha seguito le vicende di mafia e di antimafia da Palermo.

Grandi delitti e zone oscure

di Maurizio De Lucia

I venticinque anni che ci separano dalle stragi di mafia in cui persero la vita Francesca Morvillo, Giovanni Falcone, Paolo Borsellino e gli uomini della Polizia di Stato che li scortavano, non sono certamente passati invano. Oggi possiamo dire di essere in un'altra epoca nella lotta a Cosa Nostra e possiamo dire che la cattura dei più grandi capi dell'organizzazione in stato di latitanza per lunghissimi periodi, la loro condanna e lo stato di isolamento (relativo) in cui sono detenuti, hanno segnato le tappe del passaggio in questa nuova epoca.

Oggi il nostro patrimonio di conoscenza sulla Cosa Nostra siciliana è enorme e non è solo una statica raccolta di documenti, poiché, grazie alle tecnologie informatiche di cui lo Stato si è dotato, i dati sull'organizzazione sono continuamente implementati ed analizzati. Essi costituiscono, di per sé, elementi di sviluppo di sempre nuove indagini ed impediscono all'organizzazione mafiosa siciliana di tornare ad essere quella struttura segreta, rigidamente organizzata e potente che è stata per circa 150 anni. Sappiamo molto, non sappiamo ancora tutto, rimangono nella storia della Sicilia ed in quella della mafia importanti zone oscure, relative all'ispirazione di alcuni grandi delitti, alle strategie di Cosa Nostra, ai suoi rapporti con aree "politiche" ad essa esterne.

Lo sforzo di conoscenza odierno deve allora essere orientato anche in questa direzione: da un lato indagini serrate e ricerca delle prove per quei nuovi processi che devono portare all'individuazione ed alla condanna, secondo le regole dello stato di diritto, dei nuovi mafiosi, di quelli che attualmente vivono per fare ritornare l'organizzazione agli antichi splendori; dall'altro lato una ricerca orientata verso il passato, di grande difficoltà, che sappia fare luce su quelle zone oscure di cui sopra si è detto.

Una cosa però deve essere chiara: al perseguimento di questi obiettivi si arriva in maniera diversa e da parte di soggetti diversi.

Compito della magistratura è quello di "fare i processi" e di farli con prove che portino all'individuazione del colpevole *"al di là di ogni ragionevole dubbio"*, come recita l'art. 533 del Codice di procedura penale. Solo questo è e deve essere il compito del magistrato (e non pare comunque compito di poco rilievo o di scarsa difficoltà). Analizzare sotto il profilo storico-critico e/o politico i documenti (anche, ma non solo processuali) è invece lavoro dell'intellettuale, storico, giornalista, politico, anche magistrato, ma spogliato del suo ruolo istituzionale, che abbia a cuore le sorti di questa nostra Italia.

Le tante domande ancora necessarie sulle relazioni interne ed esterne a Cosa Nostra, sui favoreggiatori a volto coperto, sui partecipi eccellenti dei delitti politico-mafiosi devono trovare la risposta attraverso la combinazione di questi saperi. Per arrivare alla risposta alla domanda finale: avremo ancora davanti una mafia sanguinaria come quella corleonese? O non, piuttosto, una mafia attenta agli affari e sempre più legata a quei personaggi che alla ribalta hanno da sempre preferito efficienti e consolidati rapporti con una borghesia sonnolenta ed abituata a trattare con essi?

Un fatto è certo: Cosa Nostra è una struttura elastica e complessa capace di adattarsi alla realtà che la circonda. Darla per definitivamente sconfitta, sarebbe un errore gravissimo che non si può, non si deve, commettere. Essa va studiata per comprenderne le continue trasformazioni e dunque per seguitare, sistematicamente, come si è fatto in questi venticinque anni, a colpirla, con gli strumenti dello stato di diritto, al fine di poter finalmente porre la parola fine alla sua storia.

Maurizio De Lucia, magistrato. Esperto di criminalità economica. Sostituto procuratore della Repubblica di Palermo dal 1991, poi alla Direzione Nazionale Antimafia. Oggi è procuratore capo della Repubblica di Messina. Ha firmato il libro "Il cappio" (con Enrico Bellavia).

Con loro due un'Italia diversa

di Pietro Grasso

È passato tantissimo tempo dai terribili giorni di Capaci e via d'Amelio, eppure, per certi aspetti, il tempo sembra essersi fermato a venticinque anni fa. Non è semplice volgere lo sguardo al passato e cercare di comprendere pienamente quell'epoca e i suoi protagonisti.

Credo sia davvero importante – e i molti successi sia sul piano repressivo che su quello culturale lo hanno dimostrato – rifiutare il mito dell'invincibilità della mafia. La mafia non è invincibile, possiamo sconfiggerla definitivamente a patto che le migliori forze del Paese, dalla politica alla magistratura, dalle forze dell'ordine all'informazione, dall'imprenditoria alle associazioni, fino ai singoli cittadini, condividano l'idea che la criminalità organizzata è una zavorra per lo sviluppo socio-economico dell'Italia.

Un altro mito che va contrastato è quello semplicistico che vede Giovanni Falcone e Paolo Borsellino come eroi. I due giudici sono ancora celebrati – in Italia e nel mondo – come esempi di competenza, di dedizione, di rettitudine, di amore viscerale per la legalità e la giustizia. Hanno mostrato a tutto il nostro Paese che, quando si crede davvero in qualcosa, niente è impossibile. Nessuno avrebbe mai pensato che saremmo arrivati in fondo al maxiprocesso, a infliggere ergastoli e migliaia di anni di carcere ai mafiosi, a dimostrare in un tribunale l'esistenza di Cosa Nostra; in pochi avrebbero scommesso che sarebbe stato possibile, un giorno, aprire un negozio a Palermo, scegliere di non pagare il "pizzo" ed essere per questo sostenuti dai cittadini. Eppure è successo, grazie a uomini come Giovanni e Paolo. Uomini, non eroi, come troppo spesso vengono presentati ai ragazzi, allontanandoli dalla realtà: erano certamente dei fuoriclasse, ma erano persone normali, e proprio per questo possono essere presi come esempio da tutti.

Quando penso a loro mi vengono in mente momenti di vita quotidiana molto distanti dalle icone con le quali spesso li rappresentiamo. Esorcizzavamo la fatica e i rischi del nostro mestiere con una battuta di Paolo, un estroverso di natura, o con una "freddura" di Giovanni, più riservato ma altrettanto spiritoso. Di episodi "normali" in una vita blindata ce ne sono certi davvero divertenti.

Una volta con alcuni magistrati di Palermo, fra cui Chinnici e Falcone, decidemmo di andare a fare i presidenti di seggio elettorale a Pantelleria. E organizzammo un soggiorno con le nostre famiglie sull'isola. Quando tornammo all'aeroporto, scattò l'allarme. Si blocca tutto. In una borsa si vede un'arma. Massima allerta, perquisizioni. Si svuota la

mia borsa e spunta la pistola giocattolo di mio figlio. Scoppia-
mo tutti in una fragorosa risata. Era l'inizio degli Anni Ottanta.

Le morti di Falcone e Borsellino hanno inevitabilmente
segnato la storia della lotta alla criminalità e anche del nostro
Paese. Falcone – ad esempio – aveva ideato una Procura Nazionale Antimafia che coordinasse tutte le indagini, redigen-
done per le procure anche i piani strategici. Punto quest'ultimo che è stato poi cancellato nella conversione del decreto
legge istitutivo. Aveva poi pensato a una Direzione Investigativa Antimafia che raccogliesse le informazioni riconducibili
alla criminalità organizzata di tutte le forze di polizia.

Falcone era inoltre destinato a diventare il primo Procuratore Nazionale Antimafia. Borsellino in quel momento
era procuratore aggiunto di Palermo, ma sarebbe potuto
diventare il procuratore capo: se si fosse verificata questa
concomitanza la nostra storia sarebbe cambiata. Sarebbe
stata così combattuta con tutte le forze possibili quell'economia criminale che poi ha ricevuto duri colpi, ma non così
forti come sarebbe accaduto se loro fossero stati ancora
in vita. Se questi due colleghi, amici, avessero potuto realizzare tutte le loro idee, l'Italia sarebbe cambiata in modo
radicale. Proprio per evitare questo cambiamento sono in-
tervenute anche forze diverse da Cosa Nostra.

Abbiamo superato enormi difficoltà e fatto grandi passi avanti sull'accertamento della verità sulla "stagione delle
stragi" ma, ancora oggi, non siamo riusciti a ricostruire pienamente le ragioni e gli obiettivi dei mandanti.

La domanda che continua a tormentarmi è questa: nel

febbraio 1992 c'era un commando a Roma che aveva l'incarico di sparare a Giovanni Falcone, però fu richiamato da Riina in Sicilia: "Abbiamo trovato di meglio", ovvero l'esplosione che fece saltare in aria addirittura un'autostrada. Perché questo cambio di strategia? Chi lo suggerì a Riina?

Se poi pensiamo a certe presenze nella fase preparatoria della strage di Capaci e ad alcune presenze, esterne a Cosa Nostra, che sono venute fuori nelle indagini più recenti sull'omicidio Borsellino, troviamo elementi che ci fanno ancor più riflettere.

Dobbiamo evitare di costruire ipotesi suggestive ma non dobbiamo mai smettere di farci le domande. Per questo non perdo mai la speranza. Non è detto che non ci possano essere altri pezzi di verità da fare emergere. In questo senso la politica può fare qualcosa. All'inizio della XVII legislatura, nel discorso di insediamento, posi il problema: avrei voluto che ci fosse una commissione d'inchiesta su tutte le stragi di mafia e terrorismo, per cercare un filo conduttore e dare un contributo, con l'apporto di un'indagine parlamentare, alla ricostruzione della storia del nostro Paese.

Pietro Grasso, ex magistrato, politico italiano e Presidente del Senato della Repubblica nella XVII legislatura. Nel 1985 è stato giudice a latere nella Corte di Assise del maxiprocesso a Cosa Nostra. Nominato nel 1999 procuratore capo della Repubblica di Palermo, dal 2005 al 2012 è stato Procuratore Nazionale Antimafia.

È la politica che deve trovare i pezzi "mancanti"

di Rosy Bindi

Le stragi di Capaci e via d'Amelio hanno lasciato un segno profondo e indelebile nella coscienza del Paese.

Ancora oggi, le immagini delle devastanti esplosioni del 23 maggio e del 19 luglio del '92 alimentano la memoria di un martirio civile che da allora unisce a tutti gli italiani Giovanni Falcone e Paolo Borsellino, Francesca Morvillo, Rocco Dicillo, Vito Schifani, Antonio Montinaro, Walter Eddie Cosina, Claudio Traina, Emanuela Loi, Vicenzo Li Muli e Agostino Catalano. Li ha uniti nella risposta dello Stato e della società civile all'offensiva contro le Istituzioni democratiche, scatenata in Sicilia e proseguita con le bombe del '93 a Roma, Firenze e Milano.

Tutto aveva preso le mosse dalla sentenza della Cassazione che nel gennaio del '92 confermava l'impianto e le condanne del maxiprocesso, il primo spartiacque nella lotta alle mafie. L'intelligenza, la professionalità e il coraggio investigativo di Falcone e Borsellino, trasfusi nell'ordinanza-sentenza scritta all'Asinara, avevano ricostruito un mondo fino a quel momento solamente percepito ma mai interamente svelato.

Da quel momento nessuno, né la magistratura né la politica né la società potevano più ignorare la natura e la pervasività del potere mafioso e l'urgenza di contrastarlo. Grazie al lavoro di Falcone al Ministero di Giustizia, prendevano corpo nuovi strumenti e una legislazione antimafia che ancora oggi non ha eguali nel mondo. Nascevano la DIA e le DDA con la Procura Nazionale Antimafia, le norme sui pentiti e l'aggravante mafiosa.

Il tritolo di Capaci doveva servire a fermare questa svolta, a condizionare le scelte della politica, a impedire l'ingresso di Falcone alla Procura Nazionale Antimafia. Come in altri snodi cruciali della storia repubblicana, la mafia si è mossa in difesa dei propri interessi con una strategia criminale di attacco frontale allo Stato. Ma la nostra democrazia ha retto all'urto eversivo di quel tragico biennio. La mafia stragista è stata sconfitta e l'impunità su cui fondava la sua forza attrattiva è solo nel ricordo di tanti boss che invecchiano e muoiono all'ergastolo.

Sulla campagna stragista avviata dai corleonesi nella primavera del '92 restano però ombre e punti interrogativi che i processi e le condanne definitive inflitte ai vertici di Cosa Nostra non hanno del tutto chiarito. A distanza di così tanto tempo, e nonostante l'impegno profuso da tanti investigatori e magistrati, si fa fatica a ricomporre tutti i tasselli mancanti. Le indagini si sono via via frammentate, senza trovare fin dall'inizio un'unica sede e un vero coordinamento, consentendo tra l'altro inquietanti e gravi deragliamenti.

Questo non significa rinunciare a fare giustizia nelle aule dei tribunali, dove vanno prodotte le prove, accertate le singole responsabilità e individuati colpevoli e innocenti. Ma la memoria di quei tragici eventi, se vuole diventare un elemento di unità e forza della nostra comunità, ha bisogno di nutrirsi anche di una verità storica, che, svincolata dalle categorie del diritto penale, aiuti la comprensione dei fenomeni, restituisca ai fatti il loro significato.

Penso che dopo venticinque anni la sede naturale in cui cercare questa verità storica sulle stragi di mafia sia ormai quella istituzionale. Sono convinta che in Parlamento, superati i tornanti di tanti processi, alcuni dei quali ancora in corso, si potrà formulare un giudizio politico condiviso sulla capacità che ha avuto Cosa Nostra, e ormai non ha più, di condizionare con le sue alleanze le vicende del Paese.

Falcone e Borsellino conoscevano e rispettavano i confini dell'azione giudiziaria e nel loro lavoro non li hanno mai varcati. Sapevano che l'azione repressiva dello Stato non era sufficiente e doveva essere affiancata da una discontinuità politica e culturale, dalla rottura dei patti segreti e delle convergenze che permettevano alla mafia di inquinare le Istituzioni, l'economia, la società. Ma questo, ripetevano, era compito della politica e non della magistratura.

Quella discontinuità è ancora necessaria per combattere le nuove mafie e l'illegalità diffusa. E per realizzarla la politica deve fare la sua parte, anche per accertare la verità sul passato.

Rosy Bindi è una politica italiana. Presidente della Commissione Parlamentare Antimafia nella XVII legislatura. Dal 1996 al 2000 è stata ministro della Sanità, dal 2006 al 2008 ministro per le Politiche della Famiglia.

Un lungo cammino in nome di Giovanni

di Maria Falcone

È con grande emozione che mi preparo a vivere il venticinquesimo anniversario delle stragi di Capaci e di via d'Amelio perché, come in tutti gli anniversari importanti, è obbligatorio fare dei bilanci, valutare il cammino realizzato e programmare i traguardi da raggiungere.

Guardando alle migliaia di giovani che, accorsi da tutta Italia, sfilano con variopinti striscioni per farsi portatori delle idee di Giovanni e Paolo, penso che in venticinque anni è stato compiuto un cammino, un tempo impensabile. All'indomani dell'uccisione di Giovanni e Paolo la speranza sembrava aver abbandonato la nostra città e la nostra isola, e qualcuno si ricorderà ancora le parole terribili di Antonino Caponnetto ("È finito tutto"). Eppure i cittadini di Palermo, la parte migliore di essi, non si diedero per vinti e seppero trasformare la loro disperazione in protesta e impegno. Allora, venticinque anni fa, anche io mi feci forza e mi ricordai delle parole di Giovanni, che la mafia non può e non deve essere ridotta a solo fatto criminale, ma che è anche un fatto culturale che solo un "tenace, duro impegno collettivo" può arginare.

Queste parole si trasformarono in volontà di reagire attraverso l'educazione dei giovani, che hanno ancora la vita e le scelte importanti davanti a loro. Così da venticinque anni con la "Fondazione Falcone" ci siamo impegnati ad andare nelle scuole per minare alla radice la subcultura mafiosa – fatta di raccomandazioni, clientele, privilegi e violenza –, contrapponendole un modello culturale alternativo, fondato sul rispetto della persona, sulla valorizzazione dei meriti di ciascuno, sul "senso dello Stato", unico modello che garantisce il progresso della persona e della collettività.

Se oggi i giovani conoscono Giovanni e vogliono continuare la sua battaglia di civiltà la nostra gratitudine va a quelle Istituzioni che da venticinque anni sono al nostro fianco, e all'impegno dei tantissimi docenti che quotidianamente con dedizione e passione ci aiutano nella trasmissione di quei valori.

Allo stesso tempo questo è anche il momento di guardare a quanto lavoro rimane ancora da fare: ce lo dicono quelle targhe dedicate a Giovanni e Paolo che il mese scorso a Milano sono state imbrattate di vernice; ce lo dicono le scritte che sono spuntate due mesi or sono a Locri contro chi si dedica alla cultura dell'antimafia. Esse ci ricordano che la mafia teme la cultura e ci dicono che la strada intrapresa è quella giusta, ma che il percorso è ancora lungo.

E allora i giovani, che oggi con colori vivaci marciano per le strade di Palermo e manifestano nelle piazze di tante città d'Italia, rappresentano la speranza di cambiamento e la gioia di condividere gli ideali di Giovanni, anche quando significa remare contro corrente e costa sacrificio. Giovanni sarebbe fiero di questi ragazzi e penso che il futuro del nostro Paese sia nelle loro mani.

Maria Falcone, insegnante in pensione. Sorella del giudice ucciso il 23 maggio 1992 a Capaci. È presidente della "Fondazione Giovanni Falcone".

Chi sono i complici dei boss?

di Claudio Fava

Che Giovanni Falcone sia morto molte volte prima di quel 23 maggio di venticinque anni fa ce lo siamo detti tante volte. Ci siamo detti, per buttarla in letteratura, che si muore di solitudine: e Falcone era un uomo solo.

Ma si muore anche circondati da affetti, sguardi, incoraggiamenti se ciascuno di quegli incoraggiamenti serve solo a farti sapere che sei diverso, inimitabile, destinato a stupirci, a redimerci, a salvarci. Si muore per troppa gloria in vita, quando ti fabbricano addosso l'armatura dell'eroe e poi quell'armatura si rivela carta stagnola, e il tuo eroismo ricorda i personaggi sconfitti di Osvaldo Soriano, *tristi, solitari y final...* Si muore perfino quando si sopravvive, come capitò a Falcone l'estate dell'Addaura, una borsa di candelotti di dinamite per far saltare in aria il giudice a casa sua, sulla riva del suo mare. Ricordo perfettamente i pensieri mormorati, sussurrati, lasciati liberi di galleggiare tra i discorsi di circostanza dopo lo sventato attentato: "Fu lui, se la mise lui la bomba, protagonista perfino nel trasformare la tragedia in commedia..." Pensieri miserabili ma concreti, articolati non da assassini bensì da purissimi esegeti della lotta alla mafia, da infaticabili analisti del sangue altrui. Mi sono chiesto in questi anni quanti lividi lascino addosso quei pensieri, quanta mortificazione nella carne e nell'anima, quanti presentimenti di morte, morte vera, per ogni lode finta, per ogni applauso stonato, per ogni sospetto infame.

Si muore quando il Consiglio Superiore della Magistratura è chiamato a discutere della tua vita, della tua carriera, dei tuoi meriti e li traduce in numeri, decimali, virgole per dimostrare a se stesso che altri meritano, non tu, il posto di capo dell'Ufficio Istruzione. Ho riletto gli interventi del CSM, i più insospettabili: tutti inappuntabili a rigor di logica burocratica. Ma grotteschi proprio perché si trattava di Giovanni Falcone, della sua storia, della sua statura di giudice.

Non si muore, certo, ma nemmeno si vive o si resuscita quando da Roma organizzano una piccola crociera per andare a trovare Falcone il giorno del suo anniversario. La chiamano "nave della legalità", sarà piena di ragazzini festanti con magliette bianche e le immagini del mare di Sicilia negli occhi. Costerà molti denari (ma provvederanno uffici pubblici e generosi) e trasformerà i venticinque anni dalla strage in una lunga gita fuori porta. Lasciando ai vivi intatte tutte le domande senza risposta che ci accompagnano da un quarto di secolo: chi volle quella morte assieme a Cosa Nostra?

Chi ne agevolò il cammino? Chi ci ha rapinati di mille verità su Capaci e i suoi caduti?

Claudio Fava è un politico, giornalista, sceneggiatore e scrittore italiano. Parlamentare a Roma e poi a Bruxelles, oggi è deputato dell'Assemblea Regionale Siciliana. È figlio di Giuseppe "Pippo" Fava, giornalista ucciso a Catania da Cosa Nostra il 5 gennaio 1984. Ha scritto tra i numerosi libri "I disarmati", "Cinque delitti imperfetti", "La mafia comanda a Catania, 1960-1991".

La mafia non ha vinto ma non ha perso

di Andrea Orlando

Con il mese di maggio, ricorre il primo degli anniversari delle stragi di mafia del 1992. Le date sono scolpite nel nostro calendario civile e privato, quegli istanti di cui ricordiamo tutto, dove eravamo, cosa stavamo facendo, mentre apprendevamo le terribili notizie. Ora sono venticinque anni, un giubileo alla rovescia.

È molto difficile fare un bilancio del tempo trascorso da quell'anno, un vero spartiacque della storia repubblicana. Sono stati anni di mafia e di antimafia, tragici e fecondi, in cui al sacrificio di quegli uomini è seguita una reazione dello Stato e della società, l'innovazione di strumenti di contrasto, tecniche investigative e organizzazione giudiziaria, secondo le intuizioni e il lavoro proprio di Giovanni Falcone, che hanno consentito di assestare colpi decisivi alla criminalità organizzata, ponendo fine allo stragismo mafioso.

Ma non si è trattato di un inarrestabile e lineare tracciato di progresso, ci siamo a volte accontentati di verità parziali, se non di vere e proprie menzogne, a causa delle quali più di una persona ha pagato con la galera il delitto compiuto da altri.

La verità, tutta la verità su quella stagione, manca ancora. Non dobbiamo smettere di cercarla e dobbiamo continuare a sperare che l'autorità giudiziaria sia in grado di fare luce sui passaggi cruciali, sugli errori, sui momenti più oscuri.

La mafia non ha vinto. Ma non ha nemmeno perso. Se, dal maxiprocesso in poi, la repressione si è intensificata e, successivamente, sono stati aggrediti ingenti patrimoni mafiosi, certo il metodo mafioso, di produrre profitto con il disprezzo della legge, la sopraffazione minacciata o esercitata, non si è arrestato. Le mafie hanno dispiegato tutto il loro potenziale corruttivo, accompagnando con una persistente capacità di infiltrare le Istituzioni pubbliche e il più ampio tessuto sociale e professionale, estendendo le zone d'ombra e le aree grigie in un contesto di debolezza dei pubblici poteri e della politica.

Abbiamo assistito all'esplosione del fenomeno in territori a non tradizionale insediamento delle organizzazioni criminali, a cambiamenti straordinari, non tutti ancora decifrati, che chiamano in causa la globalizzazione dei mercati, la crisi dei corpi intermedi e le difficoltà degli stati nazionali ad adeguare i loro ordinamenti a reti e capitali in costante movimento. L'incapacità di lettura ha generato un'indifferenza involontaria, che si affianca a quella ricercata da parte di pezzi di società e di classe politica.

Di fronte a tutto questo, più ancora che i simboli, dobbiamo rilanciare le ragioni della lotta alla mafia, verificare le prospettive con cui la comprendiamo, rielaborare le tipicità sanzionatorie e riuscire ad applicarle con maggiore efficacia a livello nazionale e sovranazionale.

È nato da questa convinzione il percorso che abbiamo chiamato "*Stati Generali della lotta alle mafie*" (sul modello già sperimentato per l'esecuzione penale). L'idea è di allargare il campo della riflessione culturale e dell'iniziativa politica ben oltre l'attività istituzionale del Ministero, chiamando un fronte largo di studiosi e operatori, di forze intellettuali, politiche e sociali a confrontarsi su questioni essenziali per la nostra convivenza civile, per il modo d'essere della nostra democrazia, per il modello di sviluppo che vogliamo perseguire.

Il lavoro è partito dalle nuove evidenze della consistenza e delle evoluzioni del fenomeno mafioso, per come emergono dalle più recenti analisi empiriche e scientifiche, talvolta non pienamente analizzate dai soggetti istituzionali deputati al monitoraggio. E ci siamo soffermati sui rischi di "vulnerabilità" del sistema, nei diversi ambiti della vita economica, sociale e istituzionale, a causa della mancanza o dell'inadeguatezza di strumenti di prevenzione e di contrasto, o di fonti informative disponibili e di trasparenza dei processi, al fine di chiudere le "crepe", i "varchi" che le organizzazioni criminali riescono ad aprire nell'ordinamento o attraverso cui riescono a inserirsi.

L'elaborazione e il perfezionamento degli strumenti di contrasto e prevenzione sarà davvero efficace se sapremo guardare ai fenomeni mafiosi con uno sguardo politico-culturale più ampio, se sapremo collocarli in una più generale prospettiva di sviluppo sociale e civile.

È un lavoro tanto più necessario se, ripercorrendo a

ritroso i venticinque anni che ci separano dal 1992, guardiamo al fronte dell'antimafia. La reazione spontanea dei cittadini, in quelle primavere della società civile, che contribuì a favorire il rinnovato impegno della politica e delle Istituzioni sul contrasto alla mafia, si è lentamente trasformata in un inverno di un'antimafia che, purtroppo, è talvolta diventata strumento di potere e affari.

Gli scandali che, dalla gestione dei beni confiscati a un certo "professionismo" antimafioso, in Sicilia hanno colpito pezzi del cosiddetto fronte antimafia ne hanno minato la credibilità, rischiando di indebolire anche le organizzazioni più serie, esposte e impegnate, in un quadro di già strutturale difficoltà delle forme organizzate di lotta alla criminalità organizzata e alle sue evoluzioni.

D'altro canto, questi venticinque anni ci consegnano una qualità della vita pubblica e istituzionale che ha conosciuto processi di rinnovamento incompiuto, quando non vere e proprie regressioni, dovute alla scarsa qualità delle classi dirigenti politiche e burocratiche, in assenza di un sistema di partiti in grado di organizzare la vita democratica, di selezionare buone classi dirigenti e, ancor più, di condurre battaglie sociali in grado di sradicare, soprattutto tra i giovani, le subculture che alimentano mentalità mafiose.

Per combattere la mafia serve un esercito di maestri elementari, diceva lo scrittore. Ed è vero. Ma è vero anche che, fuori dai cancelli delle scuole, o dentro scuole coi cancelli aperti, le nuove generazioni devono poter incontrare una società che si organizza, le forme della cittadinanza attiva in cui esprimere un protagonismo politico e sociale, civile e democratico.

Andrea Orlando è un politico italiano. Ministro della Giustizia prima nel governo Renzi e successivamente nel governo Gentiloni. Nel novembre 2017 ha chiuso a Milano gli "Stati Generali della lotta alle mafie", un osservatorio permanente per studiare le trasformazioni del crimine in Italia e nel mondo. Nel 2013 è stato anche ministro dell'Ambiente nel governo Letta.

I troppi "amici" del dottor Falcone

di Giovanni Paparcuri

Avanti.

Mi è stato chiesto di scrivere un mio ricordo sul dottore Falcone e su cosa è cambiato dopo la sua morte e quella del dottore Borsellino. Ci sarebbero tanti ricordi, ma voglio dare un significato a quella parola, "Avanti", che uso come titolo per questo mio pensiero.

"Avanti" era la password che usava il dottore Falcone per il suo pc, e quando mi diede la sua fiducia confidandomela, per me è stato molto importante: il dottore Falcone si fidava di me. Per tanti anni ho sempre cercato di dare un significato alla fiducia che mi aveva concesso, oggi forse l'ho trovato.

Come è mio solito non sono ipocrita, né faccio uso di retorica, quindi devo dire, purtroppo, che dopo venticinque anni è cambiato poco o niente. Forse l'unica nota positiva è la voglia di legalità che vedo in molta gente onesta. Abbiamo anche conquistato la libertà di parlare liberamente di mafia e antimafia (quella vera, cioè senza ipocrisia e retorica). Libertà che non c'era nel passato, anche per mancanza di coraggio.

Comunque, perché dico che è cambiato poco? Basta fare un piccolo elenco di alcuni titoli di giornali su indagini e/o arresti per corruzione, per mafia, per malaffare.

- L'ex presidente degli imprenditori siciliani, Antonello Montante, che sarebbe sotto inchiesta per reati di mafia da parte della Procura di Caltanissetta.
- Episodi di corruzione con la complicità di un magistrato ed una cancelliera del Tribunale di Latina.
- Altre vicende di corruzione di un commissario della polizia municipale di Palermo, tale Vivirito.
- Il caso della giudice Saguto.
- Mafia Capitale.
- Il presidente della Camera di commercio di Palermo, Roberto Helg, condannato per estorsione.
- Pasta e legumi per i bisognosi usati come ricatto elettorale o venduti.
- La vergogna dei ponti che cedono, i viadotti chiusi, la Sicilia che è divisa in due.
- Una figuraccia mondiale. Il cluster bio-mediterraneo gestito dalla Sicilia sporco, deserto e allagato. Così si è presentato, nel giorno di debutto dell'Expo, il grande padiglione che riunisce 11 Paesi dell'area mediterranea.
- Mafia: collaboratore rivela, boss volevano uccidere il pubblico ministero Paci.
- Indagine di Riscossione Sicilia, dossier consegnato alle procure. Ecco i nullatenenti con aereo e yacht, ottocento evasori, un miliardo di euro spariti.
- La lite delle parti civili. L'antimafia che ama la "roba".

- Una villa in cambio di fondi Ue: indagato l'ex presidente dell'Ars Cascio.
- Vecchi mafiosi, già arrestati negli anni scorsi, una volta scontata la pena, sono tornati a comandare nel loro territorio.
- Pregiudicati per reati non di mafia che aspettano di fare il salto di qualità: vogliono diventare mafiosi anche loro.
- Arrestata presidente antiracket Salento.
- Eccetera eccetera.

I paladini, quelli che predicano bene ma razzolano male. Ci voleva l'arresto del presidente Roberto Helg per scoprire apertamente che certa antimafia non è vera antimafia?

E poi, in questi anni ho assistito – nel nome di Falcone e Borsellino – ad una gara per dimostrare che uno è più antimafioso dell'altro. Esibendo teorie e nascondendosi dietro ipocrisie, spacciando "verità non vere", organizzando complotti, sferrando attacchi, processi in piazza, alimentando polemiche, un tifo da stadio per sostenere sottoscrizioni. Ci sono stati abbracci con personaggi discutibili, si scrivono libri che non si basano su fatti veri, talk show gridati, fiction dove il cattivo diventa supereroe, gruppi, associazioni, striscioni, cortei, passerelle che non hanno nulla a che vedere con la vera antimafia.

Per non parlare poi di quelli che si paragonano ai giudici Falcone e Borsellino, o di quelli che con dei fotomontaggi pensano di accattivarsi simpatie o consensi, paragonando il loro sorriso a quello di quei grandi magistrati. Ma non capiscono che non è così che si possono portare avanti le loro idee. Ci vogliono fatti e non stupidi slogan.

Il dottore Falcone era una mosca bianca, ficcatevelo in testa.

Giorgio Petta, "vecchio" giornalista siciliano, mi ha detto di non avvilirmi e che, se dipendesse da lui, in tutti questi convegni che si organizzano leggerebbe *I promessi sposi*, perché proprio attraverso i personaggi di questa opera ci renderemmo conto che non è cambiato nulla.

Infatti uno dei temi più importanti è la giustizia, a partire dall'impedimento di fare sposare Renzo e Lucia. Mosso dalla curiosità ho letto qualcosa, e in effetti devo dire che Giorgio Petta aveva ragione. Attraverso quei personaggi de *I promessi sposi* si racconta bene anche la situazione attuale, il collasso delle Istituzioni civili. In parole povere ho ragione: non cambia nulla.

Però dico che io non abbandono, né possiamo abbandonare la lotta per un'Italia migliore. Perché, per sconfiggere le mafie, bisogna innanzitutto recidere la cultura mafiosa. È questo il vero problema: fronteggiare la contiguità con il malaffare. È una sfida difficile ma bisogna andare sempre avanti, il dottore Falcone andava sempre avanti, è andato sempre avanti nonostante tutto e tutti.

Non scrivo nulla delle sue amarezze a proposito di quello che gli è capitato intorno, né scrivo nulla sui pseudo amici e collaboratori che negli ultimi venticinque anni si sono moltiplicati a dismisura.

Su quel periodo posso dire soltanto: è vero che quei giudici erano soli, ma noi collaboratori, i veri collaboratori, non li abbiamo mai lasciati soli e loro lo sapevano.

Concludo scrivendo ancora una volta la password "Avanti". Era questo il significato per il quale l'aveva scelta: andare avanti, nonostante le minchiate, la retorica, l'ipocrisia.

Giovanni Paparcuri, esperto di informatica, stretto collaboratore di Giovanni Falcone e Paolo Borsellino. Il 29 luglio 1983 rimase miracolosamente illeso a Palermo nell'attentato di via Federico Pipitone dove morirono il consigliere istruttore Rocco Chinnici, Mario Trapassi, Salvatore Bartolotta e Stefano Li Sacchi.

Onorano Falcone ma poi dimenticano il 41 bis

di Lirio Abbate

Il 23 maggio e poi il 19 luglio ricorderemo come venti-cinque anni fa gli uomini di Cosa Nostra hanno ucciso Gio-vanni Falcone, Francesca Morvillo, Paolo Borsellino, Ago-stino Catalano, Emanuela Loi, Vincenzo Li Muli, Walter Eddie Cosina, Claudio Traina, Vito Schifani, Rocco Dicillo e Antonio Montinaro. Uomini e donne che hanno sacrifica-to la propria vita per combattere la mafia.

A parole siamo tutti bravi a ricordare e a pontifica-re sulla lotta alla mafia. Ma negli ultimi anni la teoria con-trasta con la pratica. Perché mentre ci sono uomini delle Istituzioni, magistrati, politici che si battono il petto con la mano, in segno di dolore, pensando a queste stragi, e alle vittime innocenti, ci sono persone che invece vanificano le forti attività di contrasto che sono nate proprio dal sangue di Falcone e Borsellino. E lo fanno non certo per dolo. E nemmeno per volontà di favorire le mafie. La loro azione è legale, ma di fatto provoca un indebolimento nella lotta alla criminalità organizzata. Di cosa si tratta? La risposta è semplice. Il duro regime carcerario varato con il 41 bis, venticinque anni fa dopo le stragi, per impedire ai mafiosi detenuti di lanciare messaggi e ordini dal carcere, isolandoli, oggi viene stravolto da provvedimenti firmati da alcuni magistrati di sorveglianza. Sono i giudici che hanno competenza sull'esecuzione della pena in carcere.

Ho raccontato su *L'Espresso* una serie di episodi che sono accaduti negli ultimi anni in cui il 41 bis viene aggirato, stravolto, e a nulla valgono le regole imposte dal Dipartimento amministrazione penitenziaria e dai direttori delle carceri.

E così i capimafia detenuti in base alla speciale norma del 41 bis dal 2009 ad oggi vengono sempre più spesso accompagnati a casa. In questo modo possono riabbracciare parenti e familiari, grazie ad uno speciale permesso che viene accordato dal magistrato di sorveglianza, il quale accoglie le richieste del detenuto. Non ci sono vetri divisori o stanze isolate come previsto dal 41 bis. Il boss lascia per alcune ore il carcere di massima sicurezza per andare a casa. E qui inizia il viavai. Come in una processione.

Non basta la nutrita scorta della polizia penitenziaria per tenere lontani curiosi e compari, il boss è a casa sua, e qui è il padrone. E da padrone si comporta. Il segnale è stato lanciato, il padrino per la gente del suo paese è tornato. E quello che dopo le stragi si voleva tentare di contrastare, oggi sembra restare forte solo sulla carta.

Perché i mafiosi a forza di carte bollate e istanze ben motivate possono ottenere lo stravolgimento del 41 bis, il regime carcerario da sempre contrastato dalle mafie, perché ne hanno paura, diventato per legge molto rigido nel 2009. E così a venticinque anni dalle stragi tornano le commemorazioni, gli omaggi, i riti laici e religiosi. L'insegnamento di Falcone e Borsellino nella lotta alla mafia viene sempre più disatteso e tradito a colpi di carte bollate e timbri, ma solo in pochi sembrano accorgersene. Gli altri guardano alla luna.

Lirio Abbate, giornalista e scrittore. Comincia come cronista al "Giornale di Sicilia", poi passa all'agenzia "Ansa" e infine all'"Espresso", dove ora è vicedirettore. Ha firmato la prima inchiesta giornalistica su "Mafia Capitale". Tra i suoi libri "La lista", "I re di Roma" e "I complici".

La guerra che ci impedirono di vincere

di Angiolo Pellegrini

La sera del 29 settembre 1984, festa di San Michele, quando, eseguiti 366 mandati di cattura, cessò l'urlo delle sirene, si iniziò a pensare che lo Stato avesse finalmente deciso di riprendersi Palermo, dimostrando a Cosa Nostra che la Sicilia non era "cosa loro".

Le 168 pagine, a firma dei magistrati del pool antimafia dell'Ufficio Istruzione, sintetizzavano tre anni di lavoro – dal rapporto di "Greco Michele + 161" fino alle dichiarazioni di Tommaso Buscetta, dalle migliaia di riscontri richiesti agli investigatori alle acquisizioni negli USA, Canada e Brasile – ed erano arrivate al cuore di Cosa Nostra, colpendo anche i potentati politici ed economici che da sempre l'avevano e continuavano ad appoggiarla.

Il consigliere istruttore Antonino Caponnetto, dando l'annuncio del pentimento di Buscetta, precisò che a breve sarebbe stato celebrato "il processo alla mafia", quello che verrà poi chiamato "maxiprocesso". Dopo Buscetta si "pentirono" Contorno e Calderone e vennero emessi un altro centinaio di mandati di cattura. Falcone ordinò poi altri due arresti: Vito Ciancimino e gli "intoccabili" Nino ed Ignazio Salvo. I palazzi romani tremarono, ma bastò poco a far cambiare il vento.

Per capire perché, nonostante tante "battaglie" vinte, non riuscimmo a vincere "la guerra" nei confronti di Cosa Nostra, è indispensabile ripercorrere quello che si verificò dopo il 1984 e, soprattutto, comprendere chi, nei palazzi del potere e della politica, la guerra contro Cosa Nostra non l'ha voluta veramente vincere.

A Palermo, svanito l'entusiasmo iniziale per i successi ottenuti, era iniziata una contestazione strisciante che, in breve, infiammò la Sicilia, propagandosi su tutto il territorio nazionale: presero voce i "garantisti", tra i magistrati i "puristi", i giornali denunciarono la "giustizia spettacolo". Dopo un primo momento di sbandamento, anche i corleonesi che, con elevata strategia militare erano riusciti a conquistare Palermo, svuotando le "famiglie" di quanti erano rimasti fedeli ai capi, assassinati all'inizio della "guerra", compresero che "un esiguo gruppo di magistrati ed investigatori" stava facendo sul serio.

Iniziarono allora a "bussare" alle porte di quanti negli anni precedenti avevano bussato alle loro, per chiedere voti, favori di ogni genere e per eliminare potenziali avversari. Le menti "criminali" si raccordarono con quelle "raffinatissime" e ne scaturì un piano comune per bloccare o, quanto meno, ritardare l'attività del pool antimafia, privandolo, innanzi tutto, degli investigatori che con esso così efficacemente avevano collaborato. Vennero assassinati Beppe Montana e Ninni Cassarà ed io stesso fui trasferito. Questa prima mossa non sfuggì a Falcone che ebbe a dichiarare:

"L'uccisione per mano mafiosa di valorosi ufficiali di polizia giudiziaria e il trasferimento di altri miei fidati collaboratori ha determinato un notevole calo di tensione che, con le difficoltà a sostituire i miei stretti collaboratori con altri dotati di specifica professionalità, ha provocato un rallentamento delle indagini".

Il 10 febbraio 1986 ebbe inizio il maxiprocesso che si concluse in primo grado il 16 dicembre 1987 con pene pesantissime: 19 ergastoli e 2665 anni di reclusione che confermarono la bontà del lavoro svolto e, soprattutto, del cosiddetto "metodo Falcone". Fu la prima sconfitta per i capi di Cosa Nostra: il pool e soprattutto Falcone andavano eliminati o, almeno, depotenziati. Borsellino, nominato procuratore della Repubblica di Trapani, aveva, nel frattempo, lasciato l'Ufficio Istruzione del Tribunale di Palermo.

In un "crescendo rossiniano" iniziò una feroce campagna di "delegittimazione" nei confronti di Falcone. Complice il noto articolo di Leonardo Sciascia "I professionisti dell'antimafia", il criterio della professionalità, previsto per le nomine degli uffici più impegnati, non venne preso in considerazione per Falcone. A sostituire Caponnetto, il Consiglio Superiore della Magistratura nominò Antonino Meli, che si insediò nel gennaio 1988; la sua nomina ebbe come effetto lo smantellamento del pool antimafia, dello stesso metodo di lavoro che aveva portato al maxiprocesso e costituì un'ulteriore sconfitta per Falcone che venne sempre più isolato e "un ostacolo da eliminare, in conseguenza del disimpegno e del disinteresse delle Istituzioni".

Nell'agosto 1988, Domenico Sica venne preferito a Falcone ad Alto Commissario per la lotta alla mafia.

Nel giugno 1989, Falcone divenne l'obiettivo di un attentato, peraltro fallito, all'Addaura, mentre al Palazzo di Giustizia era esplosa la vicenda del "Corvo".

L'incriminazione per calunnia del mafioso Giuseppe Pellegriti, ad opera di Falcone, nominato procuratore aggiunto della Procura della Repubblica di Palermo, portò ad aperte critiche da parte del sindaco Orlando e all'accusa da parte dei suoi seguaci di aver organizzato l'attentato per "farsi pubblicità". Falcone, sempre più isolato, dopo la mancata elezione al CSM ed in seguito ai contrasti con il procuratore Pietro Giammanco, accettò la proposta del ministro Claudio Martelli a dirigere l'ufficio Affari Penali del Ministero di Grazia e Giustizia, con conseguenti feroci attacchi da parte di esponenti politici.

Nel frattempo, era stata pronunciata la sentenza di secondo grado del maxiprocesso, con una riduzione delle pene, anche in conseguenza dell'omicidio del giudice Antonino Saetta; il maxiprocesso stava ora per approdare in Cassazione. Al Ministero, Falcone lavorò per la creazione di due organismi: la DNA e la DIA: una struttura giudiziaria con la possibilità di operare a mezzo di un organismo interforze, che si occupasse in via esclusiva di indagini sulla criminalità organizzata. Propose, inoltre, progetti per la confisca dei beni, il carcere duro per i boss mafiosi e una legge sui collaboratori di giustizia. Attivò, infine, quel monitoraggio in Cassazione che, per l'adottato criterio di rotazione, impedì al giudice Corrado Carnevale di presiedere il maxiprocesso. La sentenza di primo grado, nonostante l'omicidio di Antonino Scopelliti, trovò così conferma in Cassazione. La "grande battaglia" era vinta; Riina, che aveva garantito il "buon esito" del maxiprocesso in Cassazione, era stato sconfitto. Lo Stato legale aveva riaffermato la propria sovranità sullo stato illegale. Ma, nello stesso tempo, erano venute meno le strutture e gli uomini che avevano reso possibile giungere ad un risultato fino a pochi anni prima impensabile.

Ed è in quel momento che la mafia mette in atto la sua vendetta: uccide Salvo Lima ed Ignazio Salvo e, poi, alza il tiro nei confronti di chi aveva provocato la sua sconfitta. Uccide Falcone, impedendogli di portare avanti, nonostante le immancabili polemiche, il suo progetto: un super procuratore nazionale che avesse alle proprie dipendenze uno strumento validissimo per combattere a livello nazionale ed internazionale la criminalità organizzata. Su quanto di questo progetto, dopo la morte di Falcone, sia stato realizzato, lascio ad ognuno le proprie valutazioni.

Angiolo Pellegrini, generale dell'Arma dei Carabinieri in pensione. È stato comandante della sezione "Anticrimine" dei carabinieri di Palermo dal 1981 al 1985. Con il capo della sezione "Investigativa" della Squadra Mobile Ninni Cassarà nell'estate del 1982 consegnò al giudice Giovanni Falcone il famoso rapporto "Michele Greco + 161". Ha firmato il libro "Noi, gli uomini di Falcone".

Io e Maria, quella sera in via Fauro

di Maurizio Costanzo

Sono venticinque anni dalla strage di Capaci, dove morirono il giudice Giovanni Falcone e, poco dopo, il giudice Paolo Borsellino. E sono passati ventiquattro anni da quando, nel 1993, io subii un attentato, per mano mafiosa. Quindi, ne parlo non volentieri, ma ne parlo perché è giusto parlarne, è giusto non dimenticare.

Io (era maggio del '93) uscivo dal Teatro Parioli con quella che poi sarebbe diventata mia moglie, il cane (avevamo un cane lupo) e l'autista. Non l'autista solito, perché il solito autista, con la solita macchina, mi aveva chiesto un giorno di permesso e io avevo preso un'altra macchina con un altro autista. Questo è stato l'elemento fortunato, perché il mafioso che doveva premere un tasto e far partire il tritolo, una macchina piena di tritolo (mi pare fossero 70 chili di tritolo), ha perso tempo, perché non riconosceva la macchina (e giustamente: non era quella!) e quindi *"sarà lui, non sarà lui?"*. Si è convinto poi, ad un certo punto, che ero io dentro la macchina, ha premuto, ma noi avevamo fatto in tempo a girare l'angolo fra via Fauro e una strada perpendicolare a via Fauro dove c'era una scuola, quando sentimmo questo botto terribile. Basti dire che un infisso della scuola è passato tra me e Maria, in mezzo proprio, bastava solo quello per colpirci e farla finita. Però la verità è che ci siamo salvati, sia Maria che io che l'autista che il cane.

Per questo disguido, fortunato disguido, tanto è vero che poi la polizia o i carabinieri (non mi ricordo) la notte stessa, quando io raccontai loro la versione dei fatti, andarono a svegliare l'autista che avevo sempre, per chiedergli come mai (sembrava una cosa strana) avesse chiesto un giorno di permesso con tutta la macchina. In realtà, ci ha salvato la vita. Ma – erano incuriositi – per quale motivo, forse sapeva qualcosa... Non sapeva niente, un gioco di casualità, come è la vita, perché è sempre così.

Devo anche dire che non è stato facile digerire quell'evento, quell'avvenimento, specie per Maria. Pensate che allora era capo della polizia Gianni De Gennaro e io non finirò mai di ringraziarlo per le volte che è venuto a casa, o poi a giugno-luglio dove eravamo in vacanza, vicino Roma, per spiegare a Maria cosa significava la mafia, cosa voleva dire, perché Maria non dormiva più, tale era stato lo shock.

Io l'ho vissuto in maniera diversa: io ho avuto l'impressione di rinascere un'altra volta, perché m'ero salvato, ero tornato in vita. Però sappiate che se la mafia oggi è silente, non ci sono stragi in giro, non è perché quelli che ne fanno parte si sono confessati e sono diventate brave persone, ma perché evidentemente la mafia o le mafie fanno affari con le frange corrotte dello Stato e quindi non hanno nessun bisogno di far casino facendo saltare macchine, uccidendo, eccetera.

Questo è. Questa è la mia storia, ovviamente indimenticabile. E riguardo a "la legge è uguale per tutti", io consiglierei di metterci, almeno in alcuni tribunali, un punto di domanda: "La legge è uguale per tutti?".

Maurizio Costanzo è un giornalista, conduttore televisivo, conduttore radiofonico e autore televisivo italiano. Il 14 maggio 1993 è sfuggito a un attentato mafioso in via Fauro, a Roma.

Ricordi e amnesie intorno al maxiprocesso

di Alfonso Giordano

È tempo di anniversari di stragi, dei giorni amari e tristi in cui l'asfalto della Sicilia si è ancora una volta bagnato del sangue di tante vite.

Ricordo che non s'era ancor spenta in noi l'eco tremenda della strage di Capaci, improvvisa e terribile, in cui persero, purtroppo, la vita Francesca Morvillo, Giovanni Falcone e gli uomini della loro scorta, con tutto il raccapriccio, il dolore, lo sgomento, con tutti i sentimenti contrastanti che essa portava inesorabilmente con sé, allorquando fummo avvertiti del nuovo massacro che segnò la fine terrena di Paolo Borsellino e dei poliziotti che lo scortavano. E proprio Borsellino nel commiato tenuto il 4 luglio 1992, cioè appena quindici giorni prima d'esser barbaramente ucciso, annunciando ai colleghi di Marsala da cui si allontanava per rientrare a Palermo d'essere "cambiato", giustificava questo cambiamento con la perdita dell'entusiasmo che l'aveva sempre animato, in seguito alla tragica fine dell'amico e collega Falcone.

In realtà, non solo a lui ma a tutti coloro che avevano lottato e sperato in quei giorni (giorni che hanno lasciato una traccia indelebile nel nostro spirito) sembrò che l'orizzonte si oscurasse per sempre, che tutti i sogni, lungamente coltivati nel segreto delle nostre coscienze, i sogni del bene che trionfa sul male, dell'impero incontrastato della giustizia in un mondo illuminato dalla fede nelle virtù dell'uomo, fossero stati cancellati, dissolti in un attimo, e per sempre, nell'angoscia dell'ora.

Ma la nobiltà di quelle figure si manifesta in tutta la sua superba grandezza allorquando si abbia riguardo all'opera alla quale hanno dedicato la loro attività e per la quale hanno sacrificato la vita. Ciò che ha mitizzato la loro esistenza, che li ha collocati nell'empireo degli eroi di prima grandezza, che li ha fatti oggetto da parte della parte sana della popolazione italiana – e anche all'estero – di una vera e propria venerazione, di un culto che ha qualcosa di religioso, è indubbiamente il grande processo che è passato alla storia col nome di maxiprocesso, preparato in istruttoria dal "pool" capeggiato da Antonino Caponnetto e composto da Falcone, Borsellino, Leonardo Guarnotta, Giuseppe Di Lello.

Frutto delle rivelazioni di Tommaso Buscetta e Salvatore Contorno attentamente e sagacemente raccolte da Giovanni Falcone, il maxiprocesso comportò la necessità di affrontare innumerevoli problemi, fra i quali principalmente quello della sua mole inusitata che rese necessaria la costruzione di un'apposita aula a fianco del carcere dell'Ucciardone. Ma, istruito che fu e pronto per approdare in giudizio, incontrò un altro scoglio – che anche oggi è pur doveroso ricordare –, e cioè il difficile rinvenimento di chi avesse il coraggio di farlo in quel clima di terrore determinato dalle tante uccisioni che vi erano direttamente ricollegate.

E tuttavia, si deve purtroppo amaramente oggi constatare che nella memoria palermitana di quella grande prova si è verificata una sorta di obsolescenza nell'omessa rievocazione di veri e propri protagonisti come me e Domenico Signorino.

Alfonso Giordano, magistrato in pensione. È stato il Presidente della prima Corte di Assise di Palermo che nel 1986 ha giudicato gli imputati del maxiprocesso istruito da Giovanni Falcone e dal pool antimafia.

Depistaggi, falsi pentiti e suggeritori

di Francesco La Licata

Sono pochi i misteri italiani che siamo riusciti a mandare in archivio con la ragionevole certezza di averli capiti e svelati. Ed è lunga la lista di verità nascoste che attendono di essere catalogate come "casi risolti". I meno attempati hanno vissuto la stagione terribile delle stragi fasciste e delle bombe, la strategia della tensione che doveva bilanciare il "pericolo rosso": piazza Fontana, piazza della Loggia, il rapido 904 e l'eccidio della stazione di Bologna. Non c'è avvenimento cruento che non abbia lasciato, oltre che una scia di sangue innocente, una nebbia fitta che ha imbrigliato la verità, impedendole di far passare la luce.

Persino le inchieste promosse addirittura dal Parlamento – è il caso della tragedia di Ustica – sono naufragate nel nulla, negando ai familiari delle vittime il conforto di conoscere fino in fondo le cause che li hanno privati degli affetti più cari. Verità negate, appunto. Verità che neppure il gran tempo trascorso è riuscito a liberare. E chi ha ormai i capelli del tutto imbiancati non potrà scordare il vergognoso depistaggio che nasconde ancora oggi cosa veramente accadde in Sicilia il Primo Maggio del 1947, quando Salvatore Giuliano e la mafia lasciarono per terra, a Portella della Ginestra, undici morti e ventisette feriti. Una storia che ha accompagnato, tra avvertimenti e ricatti politici, certamente la Prima e la Seconda Repubblica. Basti pensare che soltanto qualche anno fa è stato necessario riesumare il cadavere di Giuliano (morto nel 1950), per fugare il sospetto che il bandito non fosse affatto morto ma vivesse ancora negli Stati Uniti.

I depistaggi, ecco. Clamoroso quello che coprì l'assassinio del giovane Peppino Impastato, a Cinisi, Sicilia, fatto passare per un terrorista morto mentre preparava un attentato. Ancora più incredibile la "scientifica deviazione" messa in atto durante le indagini sulla strage di via d'Amelio, ancora Sicilia, di cui si celebra il venticinquesimo anniversario. Un processo passato in giudicato aveva consacrato una "verità", con tanto di colpevoli all'ergastolo. C'era un pentito, Vincenzo Scarantino, che si era addossato la paternità della fase preparatoria dell'attentato, il furto della "FIAT 126" poi trasformata in autobomba. Confessione puntualmente "riscontrata" (come dicono gli investigatori) grazie alle dichiarazioni di altri due collaboratori. Solo che le cose non stavano proprio così. Era tutto inventato, Scarantino e soci si erano inventati tutto dal nulla. Anzi, per la verità, erano "stati indotti a mentire" da qualcuno, certamente dall'interno dell'apparato investigativo. Un depistaggio tanto ben congegnato da resistere all'usura del tempo (si parla di anni) e – soprattutto – a tre gradi di giudizio.

Si è dovuto riaprire un dibattimento che sembrava archiviato: alcune persone innocenti sono state liberate, altri che non erano stati coinvolti sono finiti sul banco degli accusati.

E i suggeritori? Uno è morto durante il processo. Altri agenti, sottufficiali e funzionari di polizia resteranno protetti dalla prescrizione. La "mafia colpevole" coprirà ogni dubbio e ogni sospetto di collusioni esterne. E non ci sarà risposta al pricipale quesito: perché un depistaggio così raffinato? La risposta frettolosa fa riferimento ad una generica "ansia di risultato". Una verità qualunque, dicono i giustificazionisti, offerta per placare l'opinione pubblica e lenire il dolore dei familiari. Tesi che avrebbe fatto inorridire Paolo Borsellino, che, siamo certi, si rivolta nella tomba.

Sono capitati, nella storia italiana, episodi in cui l'"ansia di risultato" ha indotto a commettere nefandezze. Ma si è trattato di forzature, di "aggiustamenti" laddove i risultati investigativi non erano quelli sperati. Ma qui ci troviamo di fronte a tre pentiti creati dal nulla, scoperti solo perché un altro pentito, Gaspare Spatuzza (convinto a parlare dopo anni), ha potuto dimostrare *per tabulas* la sua "nuova verità". E come facevano, i tre impostori, a conoscere esattamente alcuni importanti esiti delle prime indagini? Per esempio, come facevano a sapere che l'auto usata per l'attentato era una certa "Fiat 126"? Forse avranno avuto bisogno di suggeritori, diciamo, del mestiere.

Ma concedetemi un'ultima domanda: la polizia indagava senza il doveroso controllo della magistratura? Sembra difficile crederlo, visto che Scarantino è stato interrogato da tre o quattro pubblici ministeri.

Francesco La Licata, giornalista e scrittore. Ha cominciato negli Anni Settanta al giornale "L'Ora" di Palermo, oggi scrive di mafia per "La Stampa". Numerose le sue pubblicazioni sulla mafia siciliana, tra le quali "Don Vito" e "Storia di Giovanni Falcone".

Stragi annunciate, lo Stato e i poteri illegali

di Vincenzo Scotti

Sono trascorsi ormai venticinque anni dalle stragi di Capaci e di via d'Amelio; stragi percepite come il momento più duro dello scontro cruento tra lo Stato e le organizzazioni mafiose, non solo in Sicilia, nato dalla consapevolezza che la mafia costituisce il maggior attacco alla legalità degli Stati sovrani e che con essa non può esistere alcuna possibilità di convivenza, cioè di "pax mafiosa".

Comincia a consolidarsi, dagli inizi degli Anni Settanta, una svolta culturale, prima in aree minoritarie della società italiana, che porta a considerare la mafia non come una semplice organizzazione criminale, anche se particolarmente efferata, ma come una "organizzazione" volta a instaurare una connivenza con lo Stato, le Istituzioni pubbliche, la politica e la società tutta necessaria per poter svolgere le proprie attività economiche illegali sotto l'insegna della violenza e del terrore.

Nel 1972, il Presidente della Commissione Parlamentare Antimafia Francesco Cattanei scrisse una relazione individuando con chiarezza la natura e le attività dell'antistato, non solo in tutta la Sicilia e in Italia, ma in vaste aree del globo. "Dalle biografie di illustri mafiosi emerge che la mafia esercita nella Sicilia occidentale una costante azione coercitiva, tale da impedire la libera e legale manifestazione della dinamica sociale e politica e senza che lo Stato riesca a impedire che la popolazione si confermi nell'opinione che ad avere comunemente la meglio sono i mafiosi. […] La mafia esce dai confini dell'isola al seguito della droga. […] Nelle nuove sedi la maggiore facilità di mimetizzazione e l'assenza di collaudati strumenti di difesa sociali favoriscono la riproduzione di un fenomeno che si riteneva in altri tempi tipico dell'ambiente siciliano". Cattanei concludeva che l'analisi mostrava un complesso di elementi rappresentativi "dell'esistenza di una effettiva connivenza, oltre che di convivenza, con la mafia, non solo di ampie aree della società ma delle stesse Istituzioni pubbliche, comprensive della magistratura, dei partiti e degli enti locali".

Agli storici incombe la responsabilità di raccontare alle giovani generazioni, con grande rigore e senza cadere in una enfatica retorica, come attraverso il lavoro investigativo e giudiziario e gli alti costi pagati da grandi servitori dello Stato si sia arrivati in Italia ad una fase di aspra guerra. Nella relazione che presentai al Parlamento nel 1992, pochi giorni prima di lasciare l'incarico di ministro dell'Interno, sottolineavo che "la strage del 23 maggio 1992, nella quale persero la vita il giudice Giovanni Falcone, sua moglie Francesca Morvillo ed i tre agenti della scorta Vito Schifani, Antonio Montinaro e Rocco Dicillo, ha segnato la chiusura di un ciclo decennale dell'attività mafiosa e dell'azione di contrasto da parte dello Stato. […] Lungo l'intero ciclo 1982 - 1992 si è sviluppato uno sforzo investigativo e conoscitivo, che ha consentito alle forze dell'ordine e alla magistratura di definire, con un grado di approfondimento mai riscontrato nel passato, i contorni e le forme del fenomeno della criminalità organizzata nel nostro Paese. [...] Tale sforzo conoscitivo non è stato indolore, in quanto è costato la vita di molti rappresentanti delle Istituzioni che avevano scoperto alcuni tratti, caratteri e snodi, ancora inediti, della presenza mafiosa nell'economia, nella società e nelle stesse Istituzioni pubbliche".

Non privo di ostacoli, di radicali contrasti e di un alto prezzo pagato dai promotori, è stato il cammino di costruire negli anni, e più intensamente nei primi Anni Novanta, l'ossatura di una legislazione che viene oggi considerata la più efficace nella guerra alla mafia.

Prima delle stragi del 1992, e pochi mesi prima del mese di marzo, a seguito di un insieme di informazioni raccolte da organi istituzionali dello Stato, che prevedevano iniziative stragiste e azioni di destabilizzazione dell'ordine pubblico e della vita democratica (non dimentichiamo che eravamo nel pieno svolgimento della campagna elettorale per le elezioni del Parlamento nazionale), insieme al capo della polizia, il prefetto Parisi, ritenemmo necessario dichiarare lo stato d'allerta. La comunicazione, per ragioni di sicurezza, doveva rimanere segreta e per questo il testo era stato criptato. Ma il testo del provvedimento finì nelle mani del "Corriere della Sera" e fu pubblicato con grande evidenza aprendo un aspro dibattito non solo in Parlamento, convocato d'urgenza sulla base di una accusa di eccessivo allarmismo del ministro dell'Interno, responsabile di aver dato credito a una "patacca".

Ben pochi, in quei mesi, avevano preso atto che c'era stata una svolta, che occorreva prendere atto dello "stato di guerra" e che non si poteva attenuare la pressione, anche se bisognava essere consapevoli delle conseguenze. Proprio pochi giorni prima della ricordata dichiarazione dello stato di allerta ed a circa due mesi di distanza dalla strage di Capaci, il 17 marzo, alla Commissione Antimafia mi ero espresso in questi termini: "Da quando ho assunto, nell'ottobre del 1990, la responsabilità politica del Ministero dell'Interno ho sempre avvertito che siamo di fronte ad una guerra lunga e difficile. Non credo che siano possibili scelte alternative, almeno che non ci si voglia accontentare di un clima di tranquillità e di normalità, quello cioè che la pax mafiosa rende possibile, se lo vogliamo, con l'acquiescenza degli organi dello Stato. Il che porta ad effetti perversi sulla vita civile che abbiamo già sperimentato e che sperimentiamo. Se la democrazia italiana vuole sottrarsi da un condizionamento crescente della criminalità organizzata, allora dobbiamo essere pronti ad affrontare un calvario doloroso, segnato da fatti estremamente preoccupanti". E concludevo: "Oggi siamo in presenza di un fenomeno che non mira a distruggere le Istituzioni, bensì a piegare gli apparati ai propri fini".

È già dagli inizi degli Anni Ottanta che, progressivamente, la legislazione, la giurisdizione e la organizzazione dello Stato presero consapevolezza che la mafia era ormai un reale pericolo per le Istituzioni e per la politica di uno

Stato moderno e democratico e che occorressero una azione e una legislazione che fossero in grado di dotarsi di strumenti adeguati alla sfida da vincere.

Falcone, nel 1991, aveva con chiarezza indicato le criticità e le contraddizioni di una lotta alla mafia condotta dallo Stato: "La classe dirigente, consapevole dei problemi e delle difficoltà di ogni genere, connessi a un attacco frontale alla mafia, senza peraltro nessuna garanzia di successo immediato, ha compreso che, a breve, aveva tutto da perdere e poco da guadagnare nell'impegnarsi sul terreno dello scontro. Ed ha preteso di fronteggiare un fenomeno di tale gravità con i pannicelli caldi, senza una mobilitazione generale, consapevole, duratura e costante di tutto l'apparato repressivo e senza il sostegno della società civile. I politici si sono preoccupati di votare leggi di emergenza e di creare Istituzioni speciali che, sulla carta, avrebbero dovuto imprimere slancio alla lotta antimafia, ma che, in pratica, si sono risolte in una delega di responsabilità proprie del governo a una struttura dotata di mezzi inadeguati e dei poteri di coordinare l'azione anticrimine".

Queste osservazioni di Falcone aiutano a capire il salto fatto dalla legislazione antimafia che si consolida in quegli anni insieme ai metodi di organizzazione e di coordinamento dell'investigazione e della prevenzione. Per questo, bisogna aiutare i giovani alla lettura critica della lotta alla mafia e soprattutto a renderli consapevoli che quella svolta ha comportato coraggio, sofferenze e incomprensione anche a iniziativa di molti di coloro avrebbero dovuto sostenerli. Sulle asperità incontrate nella costruzione della normativa antimafia vorrò tornare a conclusione di queste brevi considerazioni.

Lasciando da parte l'emozione del ricordo e facendo ricorso a una sincera autocritica, mi sembra necessario, oggi più che mai e a venticinque anni dalle stragi, invitare gli storici a una rigorosa ricostruzione dei fatti e delle idee per cogliere la portata dei cambiamenti operati e della eredità lasciata per un cammino non ancora compiuto ma che, nella globalizzazione "selvaggia" che caratterizza la vita del pianeta, richiede un arricchimento di strumenti per combattere la guerra contro la mafia.

Nei mesi scorsi, la Camera dei Deputati ha giustamente ricordato la figura di Pio La Torre a cui si deve, insieme a Virginio Rognoni, la formulazione del 416 bis del Codice penale; l'aver introdotto, nell'ordinamento penale, il reato di appartenenza alla mafia e la norma sulla confisca dei beni ai mafiosi. Sono norme che aprirono la via di un superamento dell'approccio emergenziale della guerra.

Nella prima relazione sulla DIA che presentai, nel 1992, al Parlamento, pochi giorni prima di lasciare l'incarico di ministro, ricordavo che la legislazione di quei due anni era in coerenza con quanto si era sviluppato lungo tutto l'intero ciclo dal 1982 al 1992: "Uno sforzo investigativo e conoscitivo non comune, che ha consentito alle forze dell'ordine e alla magistratura di definire, con un grado di approfondimento mai riconosciuto in passato, i contorni e le forme del fenomeno della criminalità organizzata nel nostro Paese. Tale sforzo conoscitivo non è stato indolore, in quanto è costato la vita di molti rappresentanti delle Istituzioni che avevano scoperto alcuni tratti, caratteri e snodi, ancora inediti, della presenza mafiosa nella economia, nella società e nelle stesse Istituzioni pubbliche".

A metà di quel decennio si colloca la svolta del giudice istruttore, Giovanni Falcone, nell'impostare il lavoro istruttorio, con una sentenza-ordinanza contro "Abbate Giovanni + 706" che inizia così: "Questo è il processo all'organizzazione mafiosa, denominata Cosa Nostra, una pericolosissima organizzazione criminosa che, con la violenza e l'intimidazione, ha seminato e semina morte e terrore. [...] La pericolosità nasce dalla tendenza di Cosa Nostra al confronto da pari a pari con lo Stato ed i suoi rappresentanti, nonché all'infiltrazione in esso, tramite relazioni occulte con esponenti dei suoi apparati e degli organismi elettivi, fino alla neutralizzazione, tramite corruzione o violenza di chiunque si opponga al suo strapotere [...]". Poco tempo prima del maxiprocesso fino al 1978, quando Falcone aveva iniziato le sue indagini, "ci sono sentenze" – scrive Falcone – "della Suprema Corte di Cassazione che negavano la qualità di associazione per delinquere alla mafia. Costretti di fronte ad una realtà evidente si è arrivati al punto di distinguere fra una vecchia mafia e una nuova mafia che, chi sa per quali motivi, è diventata un'associazione per delinquere". E c'era un insegnamento autorevole (vedi il Trattato di diritto penale italiano di un grande giurista) ricordato ancora una volta da Falcone, che "se la mafia è una associazione per delinquere, in ogni caso bisogna sempre dimostrare per quali delitti concreti gli associati si sono organizzati". Per Falcone era "il rifiuto inconscio di accettare la realtà di un ordinamento giuridico all'interno dell'ordinamento giuridico statale".

Falcone, con il maxiprocesso, aveva aperto la strada che mi consentì di proporre, con il ministro della Giustizia Claudio Martelli e con il sostegno determinante del Presidente della Commissione Parlamentare Antimafia Gerardo Chiaromonte, non delle singole leggi ma un insieme di norme che rispondevano ad una strategia di guerra coerente; sottoponemmo all'approvazione del Parlamento, dall'ottobre del 1990 al giugno del 1992, una legislazione complessiva e coerente che operava un radicale cambiamento di paradigma nella lotta alla mafia.

Quando, nell'autunno del 1990, improvvisamente, mi fu chiesto di fare il ministro dell'Interno ero presidente del Gruppo Parlamentare della Democrazia Cristiana e mi chiesi cosa potevo e dovevo fare di più o di diverso. Mi ero occupato da giovanissimo, a partire dalla metà degli Anni Cinquanta, dei problemi dello sviluppo del Mezzogiorno, prima nel sindacato della CISL e poi, per dieci anni, collaborando con Giulio Pastore, dal 1958 al 1968, al Comitato dei Ministri per il Mezzogiorno.

La mafia era parte dei miei studi e degli interrogativi sullo sviluppo del Mezzogiorno. Avevo consapevolezza che il nodo gordiano da sciogliere era la connivenza tra mafia, Istituzioni e politica. Il nodo non poteva essere sciolto se non attraverso una "guerra" che ponesse termine ad una "pax mafiosa". Sapevo cosa mi aspettava, non per incoscienza. Parlai subito con l'opposizione comunista, e in particolare con Chiaromonte, ma non trovai alcuna apertura se non quella di valutare senza pregiudiziali, in Parlamento e nel Mezzogiorno, le mie proposte e misurarmi alla prova dei fatti.

Furono sei i capitoli sui quali concentrai l'intera strategia. Li riassumo rapidamente.

Il primo gruppo di iniziative riguardava la cosiddetta "questione carceraria", cioè il collegamento tra i boss detenuti in carcere e quelli in libertà, che consentiva alla mafia di conservare intatta la sua unità di comando e di non perdere l'efficienza complessiva della vita delle cosche. Era analogo il problema dei latitanti, perché i boss, o dal carcere o dalla latitanza, potevano continuare a gestire gli affari e comandare le truppe. Già nel primo decreto del novembre del 1990 cercai di impostare una normativa che facesse saltare il collegamento tra carcere, latitanza e organizzazione sul territorio. L'ultimo mio atto di governo fu la proposta, che avanzai a Martelli dopo l'uccisione di Falcone, di presentare un decreto legge che contenesse il famoso 41 bis, anche se eravamo un governo in ordinaria amministrazione; la proposta non voleva rendere più afflittiva la vita in carcere ma intendeva spezzare una catena di comando che costituiva la forza della organizzazione criminale.

Il secondo, in sequenza logica e certamente il più complesso da legiferare e da gestire, fu quello di introdurre nel nostro ordinamento penale alcune misure premiali per i cosiddetti collaboratori di giustizia. Non si trattava di "pentiti", termine che ha alterato, e non poco, nell'opinione pubblica ed anche in quella degli esperti la natura dello strumento e degli obiettivi perseguibili. Ogni informazione doveva essere sempre accuratamente vagliata per non incorrere nel rischio che venisse utilizzata come strumento di vendette trasversali, di regolamenti di conti tra le cosche o di vendette nei confronti di uomini delle Istituzioni.

Fondamentale nella lotta alla mafia è l'organizzazione della attività di "intelligence analysis", di investigazione e infine di giurisdizione. Sono note le ragioni che portarono a creare una struttura unitaria di "intelligence criminale", la DIA, in grado di fornire all'Autorità di Polizia e alla Magistratura una costante e approfondita informazione sulla organizzazione e sulla operatività della mafia, i suoi collegamenti di rete internazionale, il suo controllo del territorio e, infine, la sua concreta infiltrazione nelle Istituzioni, pubbliche e private. È altresì nota la proposta di Falcone di dar vita ad un organismo – la Direzione Nazionale Antimafia – del Procuratore Nazionale e di quello Distrettuale con una funzione di coordinamento della investigazione e in alcuni casi anche di avocazione di alcune indagini.

L'opposizione a queste nuove Istituzioni fu durissima, soprattutto all'interno della Associazione dei Magistrati, e richiese una capacità di mediazione che portò anche ad alcuni significativi cambiamenti. Falcone pagò duramente il contributo determinante che diede alla creazione dei due organismi: fu denunciato al CSM con l'accusa di avere tenuti fermi nel cassetto fascicoli investigativi contro mafiosi e dovette difendersi davanti alla commissione disciplinare; gli fu detto chiaramente, da alcuni membri del Consiglio (che Falcone riteneva a lui favorevoli), che non lo avrebbero votato perché aveva accettato di collaborare con Martelli al Ministero a Roma.

La crescita del fatturato del crimine ha spinto progressivamente la mafia a darsi una struttura professionale sia per il riciclaggio del denaro e il suo impiego sui mercati finanziari che per la gestione imprenditoriale di imprese legali. Questa evoluzione dell'organizzazione criminale nel 1990 si stava realizzando parallelamente ai grandi cambiamenti tecnologici ed economici, che hanno portato alla globalizzazione dei mercati con sempre minori regole e controlli. Un cospicuo sostegno veniva dall'esistenza dei cosiddetti paradisi fiscali, con un rigido segreto bancario e con una grande libertà di movimenti. Superando non poche difficoltà oggettive sulla possibilità di intervenire con una legislazione nazionale, decidemmo nel 1991 per una legge sul riciclaggio, chiedendo la collaborazione del sistema bancario, di tutti gli intermediari finanziari e del notariato.

In questi anni abbiamo anche sperimentato l'impegno delle grandi Istituzioni finanziarie e bancarie internazionali nel rendere il più possibile trasparenti i mercati e nel contrastare i paradisi fiscali. Certamente siamo ancora lontani dall'aver raggiunto gli obiettivi immaginati come necessari; tuttavia, c'è una maggiore consapevolezza sulla urgenza di una lotta congiunta alla corruzione e al riciclaggio intervenendo in quella "area grigia" dei professionisti della mafia che gestiscono, per quest'ultima, gli ingenti patrimoni, e sulla parallela azione di confisca dei beni dei mafiosi e dei corrotti.

In quegli anni avevamo la consapevolezza, come ho già ricordato, che la questione cruciale in tutto il mondo era data dal perverso intreccio di collusioni e affari tra uomini delle Istituzioni, politici, mafiosi e colletti bianchi, professionisti di questi ultimi. L'azione doveva partire dal basso con lo stroncare il controllo da parte della mafia sia sulle attività economiche e sociali locali (il "pizzo") e sia sulle attività istituzionali e politiche (infiltrazione e condizionamento degli enti locali e dei partiti e movimenti politici). Non ci si poteva fermare al livello locale ma occorreva una azione di difesa legalitaria della vita degli Stati nazionali e delle Comunità sovrannazionali. La nostra strategia di guerra alla mafia non poteva guardare alla dimensione locale o nazionale ma doveva ricercare un ampio coordinamento tra gli Stati e le Istituzioni transnazionali, senza il quale mostravamo debolezze.

La strategia, che adottammo nei primi Anni Novanta, poggiava sulla mobilitazione della società e delle persone; per questo mi rivolsi ai responsabili della scuola, alle autorità religiose non solo cattoliche, ai movimenti della società civile, ai leader politici per una rivolta morale contro la mafia.

Questo lavoro nei primi Anni Novanta del secolo scorso richiese molto coraggio, pazienza e determinazione. Ho già fatto cenno alle grandi resistenze e opposizioni che si dovettero affrontare. Chi subì il massimo di pressione fu proprio chi si era battuto con maggiore tenacia, Giovanni Falcone; lo ricordò Paolo Borsellino, parlando a Palermo qualche giorno prima della strage di via d'Amelio. Disse che Falcone l'avevano fatto morire anche prima della strage di Capaci.

"Una vita drammatica, quella di Giovanni Falcone", scrisse Gerardo Chiaromonte. "Dopo la strage di Capaci tutti si proclamarono suoi ammiratori. Quante menzogne ascoltai in quei giorni! Fece bene Ilda Boccassini, giudice a Milano, in una assemblea che si tenne il giorno dopo a Palazzo di Giustizia di quella città a prendere la parola per denunciare e indicare, con nomi e cognomi, quei giudici milanesi che ora si mostravano compunti e addolorati per la morte di Falcone e fino al giorno prima avevano detto cose pesanti e offensive".

Quegli anni di guerra, di stragi, di notte della Prima Repubblica non hanno trovato ancora uno storico capace di raccontarli alle giovani generazioni con credibilità e rigore, senza cadere né nella retorica né nella sottovalutazione. Furono anni animati anche da una forte tensione civile di una minoranza che ha lasciato una grande eredità: quella di una strategia e di alcuni strumenti fondamentali non per liberare il Paese dalla criminalità, cosa impossibile data la natura dell'uomo, ma per liberare il Paese da quella specifica forma di organizzazione criminale che vuole ridisegnare le nostre Istituzioni e la nostra vita attraverso la illegalità, la corruzione, il terrore.

Quali conclusioni possiamo trarre dalla riflessione su quegli anni?

Io penso che sia venuto il momento, anzitutto, per una lettura più veritiera di quelli che sono stati gli anni di Falcone e Borsellino. Non possiamo pensare, dopo venticinque anni, ad un rituale di commemorazione del loro impegno straordinario di servitori dello Stato. Non possiamo ripetere lo stesso discorso e non chiederci cosa sia avvenuto dopo e come sia stata raccolta la loro eredità.

L'impressione che si ricava dalla mole di inchieste e di saggi pubblicati in questi anni è che la realtà delle mafie sia andata cambiando alcuni suoi connotati, rispetto a quelli di cui discutevamo con Falcone. Tante attività investigative e giudiziarie hanno fatto fare alla lotta alla mafia passi in avanti rispetto alla realtà degli Anni Ottanta, quando il pool di Palermo avviò l'istruttoria del maxiprocesso.

Ma l'organizzazione criminale, l'antistato, ha ampliato il controllo di vasti territori e, forse, ha anche accresciuto la penetrazione nelle Istituzioni locali del Mezzogiorno e la espansione nelle aree del Nord del Paese e in Europa e i suoi collegamenti con le reti del Centro America e dell'Estremo Oriente.

Le novità le possiamo così individuare. La prima sta nell'ampliamento a livello planetario della cosiddetta "area grigia", quella che nasce dall'intreccio tra attività legali e attività criminali. Il denaro sporco si ripulisce in tempi rapidissimi, entra in canali legali e, utilizzando le coperture opportune dei mercati finanziari deregolati, viene investito in attività lecite che, per la provenienza del denaro, alterano il funzionamento dei mercati dei beni e dei servizi. La possibilità di far luce in questa "area grigia", all'interno della quale ci sono ampi spazi di attività apparentemente lecite, è molto difficile sia per l'intreccio sempre più stretto tra corruzione e forme mafiose di criminalità, sia per la carenza di una intesa tra gli Stati e sia per la rapidità con cui i proventi criminali divengono ricchezza legale e riverita.

L'evoluzione della mafia su scala planetaria, a cui ho fatto cenno, rischia di ricreare quel gap tra il dinamismo delle mafie e la staticità delle Istituzioni statuali e sopranazionali chiamate a reprimerle.

Ecco perché, nonostante i successi ottenuti, le mafie, a livello internazionale e nazionale, hanno continuato ad estendere i loro tentacoli e, soprattutto, a far crescere quella grande "area grigia" fatta di legalità e di illegalità, con crescenti zone bianche di attività legali collegate a quelle illegali ma difficilmente identificabili. Se le mafie hanno consolidato i loro collegamenti con il terrorismo nelle diverse espressioni, se hanno esteso le loro reti transnazionali, se hanno espanso le loro attività legali e se hanno esteso il loro controllo sugli Stati e sulle Istituzioni, questo deve porci degli interrogativi, a cui dare delle risposte rapide.

È la "zona grigia" che si è allargata ed ha sempre più a che fare con la corruzione e i crimini economici, anche essi crescenti. La responsabilità oggettiva degli attori economici va chiamata in causa. La presenza di una organizzazione criminale antistato resta, dunque, la spada di Damocle di un mondo che vorrebbe far crescere la libertà e la democrazia. Le Nazioni Unite, con un occhio particolarmente attento alle forme di crimine transnazionale, hanno lanciato questo allarme, al quale hanno fatto seguito iniziative di riflessione e tentativi di cambiamento. Ma questi tentativi devono andare oltre le forme tradizionali di cooperazione tra Paesi in materia di crimine, e devono superare le ricette tradizionali di cooperazione tra Stati.

Tutto questo anche considerando che molte delle attività illegali si svolgono ormai nel mondo cosiddetto "virtuale", cyber, e, dunque, risultano ancora meno controllabili e punibili. Altresì, sempre di più aumentano l'imprevedibilità e l'asimmetria delle minacce e questo rischia di mettere in maggiore difficoltà le nostre certezze consolidate e i nostri paradigmi, riferiti a un mondo che non c'è più. Sono ormai palesi le fragilità delle Istituzioni statuali con competenze frammentate e la precarietà di funzionamento della democrazia rappresentativa in molti Paesi dei diversi continenti. C'è qualcosa che non siamo riusciti a percepire nella lotta alle mafie. C'è una difficile scelta che non riusciamo a fare fino in fondo perché il prezzo ci sembra molto alto. Dobbiamo fare definitivamente una scelta tra fermezza e acquiescenza, cosa che riuscimmo in parte a fare circa venticinque anni fa.

Vincenzo Scotti è un politico italiano. Come ministro degli Interni – nel 1991 – insieme al ministro della Giustizia Claudio Martelli ha varato un "pacchetto antimafia" che, ancora oggi, rappresenta un importante ed efficace "impianto" di misure in materia di criminalità organizzata nella storia della nostra Repubblica.

PARTE SECONDA
DOV'È? DOVE SI NASCONDE?

Una nuova epoca mafiosa

di Attilio Bolzoni

Dove è? Dove si è nascosta? Dove la dobbiamo cercare? "Io non so più come fotografarla perché non la vedo", dice Letizia Battaglia che con i suoi scatti l'ha fatta conoscere al mondo. Nel mezzo delle "guerre", quando c'erano i morti a terra che diffondevano paura e allarme sociale. Durante i processi, quando i boss dietro le sbarre ne certificavano l'esistenza. E adesso, che non spara più e che qualcuno la dà perfino in via d'estinzione, dov'è la mafia? È destinata inesorabilmente a scomparire? Si è tramutata in un'élite che punta ad accorciare sempre di più le distanze fra mondo illegale e legale? Ogni epoca ha avuto la sua mafia, quella di oggi sembra una mafia senza più mafiosi.

In questo 2017 cade il venticinquesimo anniversario di Capaci e di via d'Amelio. Il 1992, l'anno che ha cambiato tutto.

Dopo le uccisioni di Falcone e Borsellino la reazione dello Stato è stata, come mai prima, decisa e persistente. Ma alla repressione giudiziaria e poliziesca non è seguita un'analisi profonda capace di cogliere i grandi mutamenti delle organizzazioni criminali, in grado d'intuire per tempo quali sono state le loro scelte e i loro riposizionamenti nella politica, nell'economia, nella finanza.

Più ci si è allontanati dalle stragi e più le mafie hanno abbandonato la strategia della violenza e apparentemente perduto il loro potere, così di mafie in Italia se ne parla e se ne scrive sempre meno. E quando vengono raccontate sono le banalità a prevalere, i conformismi culturali, le pigrizie investigative. La faccia di Totò Riina non può più spiegare cosa sono diventate.

Hanno preso altre forme, si presentano con volti difficilmente collegabili ai vecchi padrini, hanno infranto definitivamente anche il tabù delle loro sovranità territoriali. Le mafie non hanno più un solo luogo. E se le inseguiamo con le categorie e gli schemi ai quali eravamo abituati – pensando che siano ancora quelle del 1992 – fra qualche anno non le troveremo più. Non sapremo più riconoscerle.

I mafiosi non sembrano più mafiosi

di Letizia Battaglia

Da dove incomincio, come la racconto, dove vado? Cosa rispondo alla rivista americana che mi chiede foto nuove della mafia?

Da anni faccio mostre con le mie vecchie foto, che purtroppo hanno perduto un po' il loro significato di resistenza proprio perché entrate nei musei.

E se provo a farne di nuove, non supportata da testate italiane, ci levo subito mano. E così mi sembra che si comportino i miei colleghi. Fotografie della mafia oggi non ce ne sono.

Con Totò Riina e Bernardo Provenzano e le loro coppole abbiamo completato la narrazione? Fine della mafia fotografabile?

Il fatto è che senza coppole ai giornali raccontare visivamente la mafia di oggi sembra interessare poco.

I mafiosi non sembrano più mafiosi.

Rassomigliano fisicamente troppo alle persone perbene, spesso appartengono alle famiglie importanti, spesso non sono più neanche siciliani.

E qui è il punto e la difficoltà. Un gran casino per noi fotografi e, forse, anche per la verità.

Letizia Battaglia è una fotografa italiana. Inizia la sua carriera nel 1969 collaborando al quotidiano "L'Ora" di Palermo. Fonda, con Franco Zecchin, l'agenzia "Informazione fotografica". Ha vinto i più prestigiosi premi internazionali di fotografia.

Quei varchi pericolosi

di Rosy Bindi

Le mafie non sono un mondo a parte, abitano il nostro mondo e bisogna cercarle in mezzo a noi. Ma senza cedere alla tentazione di dire "tutto è mafia", altrimenti faremmo il gioco dei veri mafiosi, maestri nel confondere le carte e dissimulare la loro forza. Che è quella di creare rapporti di complicità e collaborazione con le classi dirigenti, dall'economia alle libere professioni, alla politica.

È stata sconfitta la mafia eversiva e stragista ma i poteri criminali hanno dimostrato una formidabile capacità di rigenerarsi e di stare al passo con le trasformazioni del proprio tempo, sfruttandone debolezze e opportunità. Oggi si spara di meno e si corrompe di più.

All'omertà da paura del piccolo commerciante si affianca l'omertà da convenienza dell'imprenditore del Nord che cerca i soldi della 'Ndrangheta per superare la crisi. Le gare per la gestione di servizi sociali o per le grandi opere strategiche si vincono senza violare le norme sugli appalti ma con lo scambio di favori e tangenti a politici locali e dirigenti pubblici. Si è allargata la mafia dei colletti bianchi e si realizzano alleanze trasversali con la massoneria. Questo rivelano le indagini degli ultimi anni. Dobbiamo allora, insieme alle mafie, cercare i varchi che permettono alle mafie di condizionare l'economia legale, l'amministrazione pubblica e la vita democratica del Paese.

Quei varchi spesso sono nelle norme ordinarie scritte male o lacunose, nella poca trasparenza delle procedure, nella scarsità di risorse e nell'assenza di controlli. La politica e le Istituzioni devono essere più vigilanti e rigorose, più attente a valutare gli effetti sul lungo periodo delle proprie scelte. Ma soprattutto va alzata ovunque l'asticella della legalità.

Dovremmo riprendere la delega consegnata alla magistratura, alle forze dell'ordine e al movimento antimafia. Tutti dobbiamo sentire la responsabilità di chiudere i varchi alle mafie.

Rosy Bindi è una politica italiana. Presidente della Commissione Parlamentare Antimafia nella XVII legislatura. Dal 1996 al 2000 è stata ministro della Sanità, dal 2006 al 2008 ministro per le Politiche della Famiglia.

Dov'è? Quasi tutta in carcere

di Marcelle Padovani

Caro collega, penso che se mi chiedi "dov'è la mafia?" è in quanto giornalista straniera, poco familiarizzata con le riflessioni raffinate e volentieri machiavelliche di alcuni nostri colleghi italiani. Con l'idea dunque di uno sguardo "genuino", "innocente" e "sorprendente". Non ti deluderò. Dov'è la mafia? Ti rispondo: in gran parte in carcere, vista la formidabile efficienza della repressione di un'antimafia che è diventata la migliore del mondo. E se il Parlamento europeo ha potuto raccomandare ai Paesi del vecchio continente di adottare la legislazione italiana come modello di lotta al crimine organizzato, vuol dire che non sono l'unica a pensarlo. Ma parliamo di Cosa Nostra. Sappiamo tutti che la cosiddetta Cupola non si riunisce dal gennaio 1993, quando fu arrestato Totò Riina, il quale rimane dunque teoricamente ancora il suo capo. Sappiamo che l'essenziale del Gotha mafioso è fuori servizio. E che l'efficienza si è estesa alla lotta alla Sacra corona unita, alla 'Ndrangheta e alla Camorra. Questa è la mia risposta. Aggiungerei però dell'altro: fra quei commentatori che non si rassegnano alla crisi delle mafie, ci sono i reduci delle grandi guerre, quando le strade erano coperte di cadaveri, quando si sapeva poco o niente delle logiche mafiose, e quando la lotta era eroismo.

Questi non riescono a capacitarsi dello scarseggiare (relativo) di una materia prima capace di alimentare il loro gusto della polemica e della dietrologia. Se volessi anch'io buttarmi in quella direzione, potrei allora rispondere alla tua domanda con una frase sibillina, tipo: "La mafia sta dove è sempre stata, ma i suoi metodi e la sua cultura sono praticati anche da non mafiosi".

Credi sarebbe sufficiente per poter essere catalogata fra i mafiologi degni di questo nome?

Marcelle Padovani è una giornalista e scrittrice francese. Dagli Anni Settanta segue tutte le vicende italiane. Con Giovanni Falcone è autrice del libro "Cose di Cosa Nostra". Tra gli altri suoi scritti "Mafia, mafie" e "La Sicilia come metafora" (intervista a Leonardo Sciascia).

Il ritorno alla normalità mafiosa

di Emanuele Macaluso

Negli Anni Cinquanta ero segretario regionale del Pci siciliano e ricordo che, una volta, venne in visita a Palermo una delegazione dei comunisti della Val d'Aosta. Li portai in giro per la città, cominciai dalla cattedrale e da altri monumenti. Il personaggio più autorevole della delegazione a un certo punto mi prese da parte e con la sua inconfondibile parlata aostana mi chiese: "Mi fai vedere *un* Mafia?".

Io rimasi un po' sorpreso, poi mi sfuggì un sorriso. Cosa avrei dovuto fargli vedere? Quali nomi avrei potuto indicargli se non magari quelli di qualche personaggio di rispetto in un quartiere popolare di Palermo o di quell'oculista di Bagheria che era il capomafia del paese o il medico più importante di Corleone – Michele Navarra – che era il direttore dell'ospedale ma anche lui un capomafia?

Tutti uomini che godevano di un grande consenso sociale, che stavano in mezzo agli altri senza far rumore. Questa caratteristica distingue la mafia dalle altre organizzazioni criminali, perché sono persone "rispettabili" che hanno ingresso nelle Istituzioni e in alcune forze politiche.

Poi sono arrivati gli anni del terrorismo mafioso e le stragi, poi ancora i processi. La mafia oggi è tornata per alcuni aspetti quella di prima, quella di sempre. Si è tornati a una normalità mafiosa. Con l'aggravante, rispetto al passato, che oggi non c'è più un partito che contrasti la mafia sul piano politico e sociale e culturale, nei quartieri non c'è più la politica, la sezione, un centro culturale, un circolo. La crisi della politica e la bassa qualità del personale che amministra, anche a livello locale, aprono spazi paurosi alla mafia e all'affarismo.

Oggi il tema riguarda nuovi soggetti e nuovi intrecci, fra la mafia silenziosa, la 'Ndrangheta e anche la Camorra con il mondo degli affari in tutto il Paese, e soprattutto dove circola più denaro: il Centro Nord.

È cambiato anche il rapporto che c'era fra la mafia e la politica. Tutte queste liste civiche nelle elezioni comunali e regionali, tutto un minestrone con tanti ingredienti.

Emanuele Macaluso è un politico italiano, ex sindacalista, ex senatore della Repubblica, saggista e giornalista. È stato direttore dell'"Unità". Esperto di "questione meridionale", ha firmato numerosi saggi sulla Sicilia e sulla mafia tra i quali "La mafia e lo Stato", "Leonardo Sciascia e i comunisti" e "Giulio Andreotti tra Stato e mafia".

È la geografia che rivela le mafie

di Francesco Merlo

Rivoltaci dal giornalista italiano che forse più di tutti l'ha saputa scovare e raccontare, la domanda "dov'è la mafia?" esprime un disagio che a sua volta produce nuovo disagio. Perché? È infatti meglio che oggi i mafiosi, come gli altri criminali del mondo, siano costretti all'oscurità e alla paura. Una volta non era così. Nel 1982, quando fu ucciso il generale Dalla Chiesa, davvero la mafia sembrava invincibile. Oggi lo Stato confisca e gestisce patrimoni che allora erano intoccabili (bella l'iniziativa milanese di lanciare un *"Festival delle idee"* per migliorarne l'uso sociale). E gli arresti hanno anche mostrato al mondo l'antropologia arcaica e priva di fascino sociale dei capimafia che la sfacciata latitanza mitizzava (accade ancora con Matteo Messina Denaro che solo l'imprendibilità trasfigura in un fumetto, una specie di Padrino-Diabolik).

Da dove nasce dunque il disagio di Attilio Bolzoni? Tento una risposta. Non dal fatto che la mafia si nasconda, ma dal fatto che sia diventato difficile ri-conoscerla. Eppure chiamano mafia la criminalità che controlla gli sbarchi e quella che taglieggia e schiavizza i clandestini; ci sono la mafia cinese e quella africana; e c'è la mafia dello spettacolo, dei medici, dei professori universitari…

È possibile che non ci sia più mafia in questo mondo popolato da mille mafie e ovviamente da altrettante antimafie dove – ce l'ha svelato la cronaca – sta acquattata la mafia?

Non ho l'esperienza di Bolzoni e non mi occupo di indagini. Credo però di ri-conoscere il paesaggio e la scenografia dei territori di mafia. I morti ammazzati non mi fanno pensare alla mafia, ma le esecuzioni per strada sì. La mafia ha infatti un'estetica che non è fatta di coppole storte e fichidindia. Sempre più spesso nelle città – sicuramente a Roma – ritrovo quell'identità meridionale che è fatta di selvaggio abusivismo dei commerci, sporcizia e puzza per le strade, buche, centri storici assediati, parcheggi in terza fila, metropolitane e pompe di benzina e stazioni ferroviarie senza decoro, violenza diffusa già sui marciapiedi, lavori pubblici eternamente incompiuti, la cultura come enorme baraccone di incompetenze, la gestione incapace o corrotta dei municipi, le candidature sporche delle mille liste civiche…

Ecco, se fossi Letizia Battaglia, se avessi un po' del suo magnifico talento, andrei a cercare (ritrovare) le facce da fotografare lì dove la geografia dei soldi, del degrado e del sottosviluppo sta offrendo alla mafia gli orizzonti larghi della storia in cammino: non la famosa linea della palma che sale verso Nord, ma lo smottamento verso Sud di tutta quell'Italia che è ormai diventata Mezzogiorno di suk e di illegalità.

Francesco Merlo, giornalista e scrittore. Ha iniziato la carriera a "La Sicilia" di Catania, poi è passato al "Corriere della Sera". Oggi è editorialista di "Repubblica". Tra i suoi saggi "FAQ Italia" e "Sillabario dei malintesi. Storia sentimentale d'Italia in poche parole".

Studiamola com'è, arcaica e post-moderna

di Umberto Santino

Prima c'erano la macelleria mafiosa e i grandi processi ed era facile fotografare la mafia. Con il rischio di darne una rappresentazione parziale, se non fuorviante: la mafia come fabbrica di morti ammazzati e si poteva pensare che tra un omicidio e l'altro Cosa Nostra andasse in vacanza, si interrasse come un fiume carsico. Nacque così lo stereotipo dell'emergenza: la mafia c'è quando spara, è un fenomeno preoccupante quando c'è la montagna di morti, diventa una questione nazionale (titolo del "Corriere della Sera" del 5 settembre 1982 e di "Repubblica" del 6) quando uccide Carlo Alberto dalla Chiesa, Giovanni Falcone e Paolo Borsellino.

Ora dov'è la mafia? Seguire la pista dei soldi, scriveva Leonardo Sciascia nel 1961 ed era il programma di Giovanni Falcone, avviato con l'inchiesta sul riciclaggio del denaro sporco del 1984.

Alcuni anni fa si parlava di mafia sommersa, dopo il megaspettacolo delle stragi, e di Bernardo Provenzano, già killer con Luciano Liggio e stragista con Totò Riina, che rispolverava l'abito del mediatore e del calmieratore della violenza, espungendo quella rivolta verso l'alto, che aveva avuto un effetto boomerang con la legge antimafia, il maxi-processo e le condanne di capi e gregari. Negli ultimi anni la visibilità si sarebbe dissolta e qualcuno, con una frettolosa lettura di Zygmunt Bauman, parla di liquidità.

La localizzazione della mafia, delle mafie, da tempo ha oltrepassato i confini tradizionali ma l'internazionalizzazione va a braccetto con le signorie territoriali nelle riserve originarie. Quando nacque Cosa Nostra americana, legata a una realtà metropolitana, la roccaforte siciliana era radicata nelle campagne e nelle agrotown. E a proposito di 'Ndrangheta, le 'Ndrine del Nord Italia, del Canada e dell'Australia sono sotto il controllo dei gruppi arroccati sull'Aspromonte. Questo mix di arcaico e di post-moderno è documentabile e rappresentabile, se si ha un'idea adeguata del crimine contemporaneo e si usano delle lenti multifocali.

Umberto Santino, saggista. È fondatore, insieme ad Anna Puglisi, del "Centro Siciliano di Documentazione Giuseppe Impastato" di Palermo, il primo centro studi italiano sulla mafia. Tra i suoi libri "La mafia dimenticata", "Mafie e globalizzazione", "Don Vito e Gomorra" e "Dalla mafia alle mafie".

Quei "sistemi" oltre i boss

di Piergiorgio Morosini

"La mafia ormai sta nelle maggiori città italiane dove ha fatto grossi investimenti edilizi, o commerciali e magari industriali". A dirlo è Carlo Alberto dalla Chiesa in un'intervista a Giorgio Bocca, a pochi giorni dall'eccidio di via Isidoro Carini. Nella sua intuizione c'era una sfida. A lui interessava la rete mafiosa di controllo, che grazie a quelle case, a quelle imprese, a quei commerci magari passati a mani insospettabili, sta nei punti chiave, assicura i rifugi, procura le vie del riciclaggio, controlla il potere.

Quella sfida, ancora attuale, diventa oggi più difficile per due motivi: l'erosione degli antidoti socio-istituzionali all'illecito; l'evoluzione dei *clan,* non più riducibili alla Cosa Nostra di Riina, con le sue regole, il suo popolo e il suo territorio, attorno a cui ruota la "zona grigia" dei complici.

Recenti inchieste svelano network tra boss, imprenditori, uomini delle Istituzioni, professionisti. Si pensi a "Mafia Capitale", "Telecom Italia Sparkle", o a quelle sullo smaltimento illegale dei rifiuti della Camorra. Descrivono "sistemi criminali" che coinvolgono classi, ambienti e luoghi differenti tra loro, in cui la regia sovente non è dei mafiosi.

E se un tempo investivano sugli appalti pubblici, oggi puntano ad altro. Dalle energie alternative alla distribuzione, dalla sanità privata alla tecnologia e all'immigrazione. Si tratta di settori che coinvolgono i bisogni quotidiani di tante persone. E ciò complica l'individuazione e la repressione di quei "sistemi". Non bastano buone leggi. Occorre specializzazione di magistrati e polizia giudiziaria, distribuita in modo omogeneo sul territorio nazionale. Perché i *boss* sono sempre pronti a delinquere dove lo Stato non è in grado di capirli e, quindi, di scoprirli.

Cosa agevola la mimetizzazione delle mafie? Per il Tribunale di Milano (2010), "il preoccupante livello di accettazione sociale dell'impresa mafiosa". Ossia tante imprese sane che, pure nel Nord, subiscono in silenzio o ci entrano in affari. Forse è il prezzo della perdita di quel patrimonio di certezza amministrativa, di affidabilità nei commerci, di trasparenza nella politica e nella burocrazia. Occorre ripristinarlo per estirpare il male oscuro dell'Italia, di cui Carlo Alberto dalla Chiesa parlò già nel 1982.

Piergiorgio Morosini, magistrato. Per tanti anni giudice delle indagini preliminari al Tribunale di Palermo. Oggi è componente del Consiglio Superiore della Magistratura. Ha scritto "Attentato alla giustizia. Magistrati, mafie e impunità" e "Il Gotha di Cosa Nostra. La mafia del dopo Provenzano nello scacchiere internazionale del crimine".

Cerchiamola dove non la cerca più nessuno

di Claudio Fava

Dove cercare la mafia? Io vi dico dove non cercarla.

Non cercatela nell'odore del napalm, che non appesta più i cieli palermitani come in certe calde estati degli Anni Novanta ("Se non ci sono più bombe, vuol dire che la mafia è stata sconfitta, no?"). Non cercatela nella collezione di pennacchi, lustrini, premi, trombette e berretti a sonagli che decorano una certa antimafia, esibita ed esibizionista, ludica e luttuosa, furba e rumorosa. Non cercate la mafia nel petto scoperto di taluni turgidi eroi ("Mirate al cuore!"), capaci di andar per comizi indossando il giubbotto antiproiettile come si fa con l'abitino della festa. Non la cercate in quelli che "io sono un condannato a morte della mafia" se lo sono stampato pure sul biglietto da visita. Non cercatela nelle fiction, nei film, al cinema perché quella è solo mafia di cartapesta, è meno pericolosa di una pernacchia anche se ormai sono in tanti a pontificare che fa più danno l'attore travestito da mafioso che il mafioso doc.

Cercatela invece dove non la cerca più nessuno. In certi insospettabili consigli d'amministrazione. Nelle logge massoniche coperte. Nelle carriere fulminee di certi oscuri ragionieri. Nei cantieri della civilissima Brianza. Nei subappalti per il movimento terra a mille chilometri dalla Sicilia. Cercatela a Reggio Calabria e ad Abu Dhabi (nell'ordine che preferite). Cercate la mafia in prossimità delle parole eleganti e discrete con cui vi spiegano che la mafia è sempre altrove, altre sono le emergenze, ben altro chiede il Paese.

Infine, cercatela tra i vivi, non solo nel mesto elenco dei morti. Perché a cantare messa ai morti sono bravi tutti, onesti e infami. Parlare dei morti ci unisce sempre, come le prediche la notte di Natale. Parlare dei vivi fa male, ci divide, ci denuda. Ma fa bene alla causa.

Claudio Fava è un politico, giornalista, sceneggiatore e scrittore italiano. Parlamentare a Roma e poi a Bruxelles, oggi è deputato dell'Assemblea Regionale Siciliana. È figlio di Giuseppe "Pippo" Fava, giornalista ucciso a Catania da Cosa Nostra il 5 gennaio 1984. Ha scritto tra i numerosi libri "I disarmati", "Cinque delitti imperfetti", "La mafia comanda a Catania, 1960-1991".

Uomo di cosca e di governo

di Enrico Bellavia

Non c'è destra e non c'è sinistra. Tra le post ideologie quella mafiosa lo è ante litteram. Boss e picciotti non fanno differenza. L'importante è comandare. Dettare legge. Aggiustare quella esistente o farsene una su misura.

Suona per questo quantomeno ingenuo che ci siano forze che si credono immuni dal rischio.

Da sempre Cosa Nostra e le altre mafie vanno dove tira il vento, lo precedono semmai, lo indirizzano, talvolta, pronte a ripararsi altrove al primo cambio di direzione.

Un parlamentare su nove ha guai con la giustizia. Molti sono sfiorati dal sospetto di collusioni, la stragrande maggioranza impelagati in storie di corruzione che sembrano sempre più l'anticamera per nuovi aggregati d'affari, per inedite consorterie.

In passato era lo scambio: io ti voto, tu mi restituisci il favore appena eletto con una manciata di leggine e appalti che facciano girare l'economia.

Ma è il passato, appunto. Adesso l'uomo di cosca e di governo nasce in casa. Coltivato al primo appetito da carica pubblica, sostenuto e coccolato come il formidabile prodotto di una economia criminale che pensa in grande.

Dove cercarla allora questa nuova mafia se non tra gli scranni parlamentari?

Nelle conventicole d'affari che elevano a sistema il dogma dell'imprescindibilità dell'economia illegale che si nutre di legalità apparente?

Non c'è mega affare, ormai al Nord come al Sud, anzi, sempre più spesso proprio al Nord, che non riservi la sorpresa di imprenditori e politici avvinti nel medesimo interesse: trasformare un'opera in un'opportunità, protrarla all'infinito, saggiarne i costi aggiuntivi, assicurarsi le varianti in corso e poi, ove possibile, non realizzare un bel nulla.

Schiere di nuove imprese senza operai né cantieri hanno infranto il tabù dell'impossibile. Sono le imprese dei facilitatori, degli aggiustatori di carte, dei manipolatori di emendamenti. Un comma lì, una postilla qui e il bene pubblico schiude infiniti orizzonti di gloria a sei e più zeri. Dall'eolico ai giochi, dai rifiuti al cemento.

Tutte le mafie sanno ormai che è molto più redditizio stare nel gioco grande delle imprese e della politica. Con uomini propri. Pronti a vestire, se necessario, anche l'abito buono dell'antimafia. Per sfilare, presentabili, sulla passerella alla fiera delle occasioni.

Enrico Bellavia, giornalista e scrittore. Ha cominciato come cronista al quotidiano "Il Meriditerraneo" per poi approdare a "Repubblica". Ha scritto numerosi libri sulle mafie italiane. I titoli: "Sbirri e padreterni", "Soldi sporchi" (con Pietro Grasso), "Un uomo d'onore" e "Voglia di mafia" (con Salvo Palazzolo).

Ripartiamo dai grandi misteri

di Alessandra Dino

Al di là dell'appeal mediatico e della seduttiva illusione di offrire facili soluzioni a problemi complessi, ha scarsa utilità conoscitiva il dibattito che vede da anni organi d'informazione, inquirenti, pubblica opinione e studiosi disputare sullo "stato di salute" delle mafie; esitare aleatorie classifiche di pericolosità; stilare rigide agende di priorità nelle politiche di intervento e nelle scelte investigative.

Il processo ha inizio quando alla stagione stragista dei primi Anni Novanta segue una dura repressione che azzera progressivamente (seppur con significativi ritardi e eccezioni) i vertici di Cosa Nostra. Da quel momento la vera emergenza è la lotta alla 'Ndrangheta, che improvvisamente appare molto più forte, molto più ricca, molto più insidiosa, molto più infiltrata nei mercati internazionali del crimine. Anche il contrasto alla Camorra sembra più urgente perché sulle strade martoriate della Campania continuano a cadere numerose le vittime di una violenza senza tregua.

Mentre Cosa Nostra tace, la confusione sulla mafia siciliana impera; dando luogo a una visione spesso miope e bipolare. Da una parte propensa a derubricare il fenomeno a "emergenza minore", dall'altra desiderosa di mantenere desta l'attenzione sulle capacità di controllo del territorio, sui legami con il mondo della politica, sulla presenza dentro i mercati internazionali.

Viene meno la prospettiva storica che induce a riflettere sugli ultimi trent'anni; quando, dopo una feroce guerra di mafia, la leadership di Riina si afferma imponendo nuovi modelli organizzativi, nuove strategie criminali, nuove alleanze coi "referenti esterni". Al centro, le stragi del '92-'94, inserite in una densa cornice di misteri, depistaggi, presenze estranee, omissioni e errori investigativi, trattative e accordi segreti. Sono questi vuoti a rendere opaco il volto odierno di una Cosa Nostra, in crisi di leadership e attendista.

In un quadro evolutivo non prevedibile, la partita con gli interlocutori istituzionali non si è chiusa; si può ancora disporre di una forte solidità economica; c'è ancora qualche jolly da giocare facendo leva su "promesse non mantenute", e su gravi segreti condivisi.

Alessandra Dino, sociologa e scrittrice, studiosa dei fenomeni di criminalità organizzata di tipo mafioso. È professore associato di "Sociologia giuridica" presso l'Università degli Studi di Palermo. Tra i suoi libri "A colloquio con Gaspare Spatuzza. Un racconto di vita, una storia di stragi", "Gli ultimi padrini" e "La mafia devota".

Mafia e "voglia di mafia"

di Maurizio De Lucia

Oggi è evidente come la Cosa Nostra corleonese, che ha insanguinato la Sicilia e l'Italia, sia alle corde. Sconfitta da un'azione dello Stato, per una volta coerente e continua che si è mossa in questi venticinque anni e che ancora si muove, su quattro direttrici: le indagini volte alla cattura dei grandi capi latitanti dell'organizzazione; l'applicazione nei loro confronti del regime detentivo speciale previsto dall'articolo 41 bis dell'ordinamento penitenziario; le sistematiche attività di investigazione sul territorio, volte ad individuare la struttura, di volta in volta cangiante, dell'organizzazione, gli associati ed i reati-fine da loro commessi; infine l'individuazione, il sequestro e la confisca dei beni riconducibili agli associati.

La cattura dei grandi latitanti, dopo decenni di impunità, ha avuto un grande valore simbolico, ma soprattutto ha comportato la disarticolazione del vertice di Cosa Nostra, struttura criminale a carattere piramidale, che necessita, proprio per il suo esistere, di un vertice, la famosa Commissione, che ne determini gli indirizzi strategici.

La conseguente applicazione ai capi del regime ex art. 41 bis o.p. ha impedito loro di continuare a comandare dall'interno delle carceri. Tutti ricordiamo il "Grand Hotel Ucciardone" dove vivevano i mafiosi detenuti, peraltro solo temporaneamente. Oggi i capi della mafia in carcere non solo scontano dure condanne per i delitti commessi, ma sono messi nella condizione di non poter mantenere stabili contatti con il territorio che comandavano.

Probabilmente la mafia siciliana che abbiamo conosciuto fino al 2006 – ponendo come data simbolica la cattura di Bernardo Provenzano – non esiste più e comunque non ha più le capacità criminali di un tempo. Ma la mafia continua ad esistere. E a cercare nuove forme di sopravvivenza ora, di affermazione domani.

Cosa Nostra è dotata di una sorta di costituzione formale e di una costituzione materiale, al pari dello Stato. In alcuni momenti storici ha contato di più la sua costituzione materiale, nel senso che il governo dell'organizzazione è stato retto secondo le scelte dei capi ed a prescindere dal rispetto delle regole esistenti nello statuto dell'organizzazione. Nel momento in cui l'azione dello Stato ha portato alla cattura di tali capi, se la cosiddetta costituzione materiale dell'organizzazione è entrata in crisi, la costituzione formale di Cosa Nostra ha ripreso importanza e tutt'ora consente alla struttura di sopravvivere.

Oggi l'interesse dell'organizzazione mafiosa appare sempre più spiccato per gli "affari" e per il mondo dell'imprenditoria. Questo interesse, e più in generale il rapporto con quella che è stata definita la "borghesia mafiosa", può essere oggi sospeso per ragioni contingenti, ma non appare interrotto. C'è ancora tanta "voglia di mafia" anche fuori da Cosa Nostra. Il futuro della lotta alla mafia si gioca su questo fronte.

Maurizio De Lucia, magistrato. Esperto di criminalità economica. Sostituto procuratore della Repubblica di Palermo dal 1991, poi alla Direzione Nazionale Antimafia. Oggi è procuratore capo della Repubblica di Messina. Ha firmato il libro "Il cappio" (con Enrico Bellavia).

Invincibile solo nel mito

di Giuseppe Di Lello

Psicologicamente ci sta costando molto il declino di Cosa Nostra. Per superare la crisi depressiva indotta da un tramonto imprevisto, ci siamo dovuti concentrare sulle gravi deviazioni dell'antimafia, una nemica questa ben più concreta, visibile e fotografabile della mafia stessa.

Che rabbia ci fanno questi calabresi che, seppur democratici e antimafiosi, con malcelato orgoglio ci raccontano della attuale potenza egemone intercontinentale della loro 'Ndrangheta: e pensare che verso la fine del secolo scorso i "migliori" eravamo noi siciliani!

Cosa sia oggi Cosa Nostra è difficile dire. Parli con un intelligente responsabile dell'ordine pubblico e ti dice che nulla è cambiato e, anzi, è peggio di prima. Parli con un intelligente magistrato, che i mafiosi se li vede sempre sfilare davanti in Corte d'Assise, e ti dice che ormai sono dei poveracci, costretti, per campare, ad attaccarsi persino ai ricavati delle riffe di quartiere. Parli con il sindaco e ti dà una versione di sintesi che concilia i due opposti: la mafia c'è sempre ma si deve accontentare di appalti ormai ridotti al lumicino come numero e importi. Vero è che ci sono continui sequestri di patrimoni milionari, ma potrebbero essere il frutto di stagioni passate per sempre.

La città è tornata a vivere, invasa di notte da torme di giovani abbastanza allegri nonostante la precarietà della loro condizione sociale, niente da spartire con quella Palermo degli Anni Settanta e Ottanta disseminata di morti ammazzati. La notte in cui ammazzarono Mario Francese mi aggiravo con amici per una città deserta e spettrale, fino ad imbattermi in poliziotti di una volante che mi davano notizia di altri due giovani ammazzati quella stessa notte.

Il giorno dell'Epifania del 1980 ero insieme a Letizia Battaglia e Franco Zecchin al bar di Villa Sperlinga, poi io me ne sono andato a casa e loro sono scesi in via Libertà, in tempo per fotografare Piersanti Mattarella morente. Non è una gran cosa che non ci sia più quell'orrore da raccontare o fotografare?

Forse l'ultima foto ce l'avrà Matteo Messina Denaro quando lo prenderanno, sempre che non abbia deciso di scomparire nel nulla per non far morire per sempre il mito di invincibilità di una mafia che ormai resiste solo ed unicamente per la sua latitanza.

Giuseppe Di Lello, ex magistrato, ex parlamentare e saggista. Giudice istruttore nel primo pool antimafia dell'Ufficio Istruzione del Tribunale di Palermo con Antonino Caponnetto, Giovanni Falcone, Paolo Borsellino e Leonardo Guarnotta. Ha scritto "Giudici. Cinquant'anni di processi di mafia".

La scia dei soldi

di Salvo Palazzolo

Sarà pure invisibile la mafia del nuovo Millennio – perché non spara ed è mimetizzata al massimo nella società – ma si muove alla vecchia maniera. Lungo la linea dei soldi. E i soldi non sono mai invisibili, lasciano tracce. Fu la grande intuizione di Giovanni Falcone e Paolo Borsellino, trent'anni fa: iniziarono a scrivere la storia dell'antimafia andando a guardare dentro le banche di Palermo. Lo si dimentica troppo spesso. Guardando dentro le banche capirono cos'era diventata l'organizzazione Cosa Nostra. Capirono gli affari e la geografia delle cosche, capirono soprattutto quanto potere avevano i mafiosi, quanto facevano paura e quanto erano corteggiati dalla cosiddetta città bene.

Trent'anni dopo – trent'anni di una lotta durissima che ha portato la magistratura e le forze dell'ordine a dare colpi epocali ai clan – bisogna tornare a guardare dentro le banche di Palermo per capire se davvero la lotta a Cosa Nostra è vinta. Certo, non sono più i tempi della "Cram", la Cassa rurale artigiana di Monreale, banca che fino all'inizio degli Anni Novanta era punto di riferimento organico per intere famiglie, il sistema bancario ha innalzato argini e soprattutto alert per segnalare operazioni sospette, ma le indagini dicono che i boss e i loro insospettabili prestanome possono contare ancora su complici eccellenti all'interno di diversi istituti di credito, non solo a Palermo.

Per aprire un conto senza problemi, per godere di prestiti di favore, soprattutto per ottenere mutui facili, ormai diventati uno degli strumenti principali di riciclaggio. Basta un direttore di filiale compiacente per realizzare il polmone che alimenta la mafia invisibile. A Palermo è stata sciolta la prima agenzia di banca per mafia, impossibile venire a capo delle pesanti scoperture nei confronti di alcuni gruppi imprenditoriali e mafiosi.

Nel Trapanese, una intera banca (di credito cooperativo) è stata posta in amministrazione giudiziaria per sei mesi. E in una banca, all'estero, gli investigatori cercano ora il bandolo della matassa che è diventata la latitanza di Matteo Messina Denaro, imprendibile dal 1993: si prova a individuare un bancomat o una carta di credito.

"Segui i soldi", ripeteva Falcone. E oggi i soldi di mafia viaggiano velocemente dalla Sicilia verso l'estero. La mafia del nuovo Millennio non è davvero invisibile.

Salvo Palazzolo, giornalista del quotidiano "la Repubblica". Vive e lavora a Palermo, dove da vent'anni si occupa di mafia. Tra i suoi libri "Ti racconterò tutte le storie che potrò" (con Agnese Borsellino), "Collusi" (con Nino Di Matteo), "Se muoio, sopravvivimi" e "I pezzi mancanti".

L'eresia che diventa verità

di Sebastiano Ardita

Giuseppe Fava anni fa avrebbe detto: "Cerchiamola a Roma, nei palazzi del potere, tra i finanzieri e gli imprenditori". Quell'eresia è divenuta verità, cerchiamo di capire perché. I mafiosi sono visibili se violenti, quasi mai quando generano consenso. Ciò che è invisibile non lo trascini nei processi, e così la mafia si è trasformata sempre più da azione pura in metodo.

Nelle aule di giustizia cerchiamo le sue tracce ma rischiamo di essere fuorviati: Cosa Nostra oggi può assumere le sembianze dell'impegno antimafia, confondersi nel nobile afflato garantista, o nell'istituzione *tout court* − per tornare all'eresia. La puoi stanare solo se capisci la sua essenza. Il suo credo celebra il vuoto dei giorni nostri e si lancia in un abbraccio col nichilismo di una classe dirigente che non teme la morte, perché crede nel nulla e lo celebra ogni giorno. Alla morte fisica, mafia e potere − sempre più simili − sostituiranno quella morale.

Nella "società tecnologica, ordinatissima ma degenerante", acritica e manovrabile, la verità sarà un'efficace comunicazione: la denuncia e l'iniziativa senza voce saranno soffocate; le paure governeranno apparenze di democrazia; la cultura sarà eresia. Alla lotta di classe si è sostituita una lotta verticale – tra una élite che domina e una base di cittadini vessati – e Cosa Nostra vorrà allearsi con la élite.

La troveremo a brindare coi banchieri che hanno dato l'assalto ai risparmi delle famiglie; coi bancarottieri e coi politici corrotti; e insieme a tutti loro vestita con abiti eleganti condannerà la violenza e farà inni alla legalità. Per sconfiggerla serviranno più processi di concorso esterno, più indagini su deviazioni e corruzioni istituzionali: esattamente quelli che certa propaganda ci ha insegnato a detestare. Ci vorranno più strumenti investigativi: quelli che sono stati depotenziati in questi anni.

Ma potrebbe bastare un'etica delle Istituzioni fondata sull'appartenenza civica; sulla povertà di chi svolge ruoli pubblici (che non è affatto miseria, ma godere di ciò che ci spetta); sulla incompatibilità tra politica e imprenditoria; o soltanto un umanesimo che spieghi che il progresso può dare benessere, ma non l'immortalità.

Sebastiano Ardita, magistrato. Oggi è procuratore aggiunto della Procura della Repubblica di Catania. Ha firmato numerosi libri sulle mafie e sulle connessioni con i poteri legali. I suoi libri: "Giustizialisti" (con Piercamillo Davigo), "Catania bene. Storia di un modello mafioso che è diventato dominante" e "Ricatto allo Stato".

Che fine hanno fatto gli amici?

di Francesco La Licata

C'è sempre stato un momento, nella sua lunga storia, in cui è riuscita a farsi dimenticare, fino a sparire. Ma forse sarebbe più esatto parlare di rimozione, perché è stata ed è talmente ingombrante la presenza di Cosa Nostra, nelle cose italiche, da indurre ad uno sforzo collettivo pur di "dimenticarla" e liberarsi di un peso troppo gravoso.

Certo, sarebbe sciocco non riconoscere quanto Cosa Nostra sia regredita da quel tragico 1992/1993, quando Totò Riina cadde nel delirio di onnipotenza e pensò di poter condizionare persino le leggi di una democrazia moderna opponendo l'arma del terrore. Immemore, Riina, della vecchia saggezza mafiosa che metteva in guardia sui rischi letali insiti nella scelta di "far guerra allo Stato". Per più di un secolo, infatti, la "linea politica" di Cosa Nostra era stata quella della "convivenza pacifica".

La repressione, prevedibilissima per tutti tranne che per un pazzo, ha smantellato la più forte organizzazione criminale del mondo. Quella che vediamo nel repertorio dei notiziari neppure lontanamente somiglia alla mafia che sedeva a tavola col potere vero. La piovra sembra essersi rintanata di nuovo nel territorio e sembra accontentarsi di controllarlo e reperire, con gli introiti del "pizzo", il necessario per "pagare gli stipendi" ed evitare la bancarotta della "ditta".

Ma gli "amici" coi colletti bianchi, che fine hanno fatto? Totò Riina in carcere, Leoluca Bagarella pure, Bernardo Provenzano è morto senza più poter mediare le scelte politiche, Messina Denaro è una specie di fantasma che sembra disinteressarsi del "bene comune" per concentrarsi di più sui propri problemi. Vittoria? Tutto finito. Calma: ci sono i vecchi amici ancora operativi. Quelli che erano riusciti a nascondersi persino nelle Istituzioni votate alla lotta alla piovra. Quella mafia resiste, non abbiate dubbi. Perché i colletti bianchi quasi sempre riescono a sfangarla, anche scaricando le loro responsabilità sulle coppole storte.

Francesco La Licata, giornalista e scrittore. Ha cominciato negli Anni Settanta al giornale "L'Ora" di Palermo, oggi scrive di mafia per "La Stampa". Numerose le sue pubblicazioni sulla mafia siciliana, tra le quali "Don Vito" e "Storia di Giovanni Falcone".

Una camorra, tante camorre

di Dario Del Porto

I clan cittadini non hanno mai smesso di sparare. Dunque, applicando il metro delle armi, la Camorra a Napoli esiste ancora. Ma allora in provincia di Caserta, dove non si uccide da un pezzo e i referenti politici delle cosche sono sotto inchiesta, o in carcere come Nicola Cosentino, che fine ha fatto la Camorra?

I morti ammazzati non possono essere l'unico metro di valutazione sulla forza di penetrazione di un'organizzazione malavitosa. Le statistiche valgono, semmai, per le relazioni di inizio anno giudiziario. La situazione è molto più complessa. Non vale più, almeno non in assoluto, neanche il discorso degli omicidi come segnale di debolezza dei gruppi camorristici. In Campania si sovrappongono realtà criminali diverse, che spesso insistono sullo stesso territorio dove agiscono con metodi e per fini diversi. Le bande giovanili che si contendono il centro storico oggi sono effettivamente più deboli, perché fiaccate da arresti e processi. Al tempo stesso, i cartelli della droga che hanno le loro basi nella periferia settentrionale della città, tra Scampia, Secondigliano, Casavatore, continuano a muovere affari milionari, incassando somme spaventose dal traffico internazionale di stupefacenti. Narcos ricchi e potenti come quelli messicani, che amano la bella vita e possono contare su una rilevantissima disponibilità di contante. Di loro si sa quasi tutto, ma quando si devono individuare i canali di riciclaggio la partita investigativa si complica e il meccanismo delle società si confonde con schermi più o meno legali, rendendo via via sempre più difficile la scoperta dei finanziatori originari.

Dopo il ridimensionamento dell'ala militare della Camorra, la caccia agli investimenti dei signori della droga rappresenta forse la scommessa investigativa più importante per lo Stato. Intervenire in questi settori significa prosciugare l'acqua in cui la Camorra nuota da sempre.

Per farlo però occorre spezzare quel reticolo di silenzi e connivenze di una parte della borghesia che, consapevole o meno, finisce di fatto per indebolire le Istituzioni e rafforzare le cosche.

Dario Del Porto, giornalista di "Repubblica". È stato cronista giudiziario per il "Giornale di Napoli" e poi per "Il Mattino". Da oltre vent'anni segue le grandi inchieste giudiziarie in Campania e racconta le guerre di Camorra. Il suo ultimo libro è "Lo Stato non ha vinto" (con Antonello Ardituro).

I padroni della "movida" palermitana

di Francesco Viviano

Sono sempre loro. A Palermo, a Catania, in altre città e paesi della Sicilia. Tentano di mimetizzarsi "vestendo il pupo" ma sono sempre loro attraverso una miriade di prestanome, di familiari o fedelissimi, tutti pronti a investire quei patrimoni nascosti e accumulati negli anni d'oro, quando erano, incontrastati, i re del grande commercio della droga e del "pizzo a tappeto".

Certo, non sono più i potenti di una volta. Hanno subito mazzate, migliaia di arresti, miliardi di beni sequestrati o confiscati dallo Stato, i grandi boss in carcere al 41 bis da decenni. Però ci sono ancora. Provano a camuffarsi ma vengono traditi dai loro nomi e dalle loro origini. Oggi si sono riciclati nei nuovi business e, in particolare a Palermo, in quello della ristorazione infiltrandosi anno dopo anno nelle "movide" notturne, rilevando trattorie, bar, pub. Comprano tutto. Un po' come fanno i cinesi a Roma, pagano subito e in contanti. Non smettono mai di fare affari.

La morsa del "pizzo" si è allentata, c'è tanta crisi, i commercianti – anche se minacciati – non sono più in grado di pagare come facevano e i mafiosi se ne sono accorti che non possono spremere quanto vorrebbero. Così, invece di soldi, chiedono favori. Chiedono a piccoli imprenditori e commercianti la "cortesia" di farsi da parte perché quelle attività o quei locali li vogliono tutti loro. E lì investono il denaro sporco che hanno guadagnato con altri traffici. A Palermo ci sono locali che improvvisamente aprono e improvvisamente chiudono e poi riaprono ancora. In molti hanno puntato anche sulle sale gioco, altri rilevano attività poco appariscenti come tabaccherie o piccole botteghe. Ma, dietro a queste nuove avventure commerciali, non abbandonano mai gli storici affari. Prima di tutto, come tanto tempo fa, lo spaccio degli stupefacenti.

Francesco Viviano, giornalista. Ha iniziato come cronista all'"Ansa" di Palermo. Poi, per venticinque anni, ha scritto come inviato per "Repubblica". Tra i suoi libri "I misteri dell'Agenda rossa", firmato insieme ad Alessandra Ziniti, e "Io, killer mancato".

Roma e la sua mafia che non esiste

di Lirio Abbate

Se pensate a Mafia Capitale come a un'associazione criminale organizzata da paragonare a Cosa Nostra o alla 'Ndrangheta allora siete fuori strada. Sono diverse. Ciò non significa che il clan di Massimo Carminati non possa essere accusato e processato per associazione mafiosa. Significa che questa Mafia Capitale, che nasce dalle mani di un estremista di destra, abile nel maneggiare le armi, che sfrutta il metodo mafioso per pilotare la politica e la pubblica amministrazione, per intimidire, aggredire, corrompere, minacciare e picchiare, è come un'associazione mafiosa. Non parla il dialetto siciliano o calabrese, come siamo abituati a vedere nelle serie tv o nei film, ma il romanesco. E poco importa se il loro modo di essere negazionisti alla parola mafia non si conclude con "baciamo le mani" ma con "li mortacci tua". Nell'idea che "questa non è mafia" c'è anche, e forse soprattutto, l'autodifesa di un mondo – forse quello di mezzo? – che non vuole scoprirsi.

Da quando Carminati e i suoi camerati e compagni sono finiti in galera, a Roma si è aperta una disputa linguistica e

159

storica sulla parola mafia perché, come insegna la teologia, la suprema astuzia del diavolo è far credere che non esiste.

È vero che c'è una profondità di differenza, anche in termini di fuoco e di simboli, perché all'Ama o all'Atac non sono state trovate teste di capretto mozzate né è stato usato il tritolo nella sede delle cooperative che prendevano appalti dal Comune. A Palermo c'era Vito Ciancimino con i suoi assessori complici di Cosa Nostra, a Roma ci sono presidenti del consiglio, consiglieri, ex assessori accusati di collusione. In entrambi i casi, all'epoca a Palermo e ora a Roma, favorivano un'organizzazione criminale a spese del contribuente.

E pure sulla resistenza alla parola mafia c'è trasversalità, una larga intesa.

Per avere un'idea precisa, dunque, bisogna partire da questi elementi di base e analizzare i traffici criminali di Carminati & compagni, ascoltare le denunce delle vittime, misurare la paura dei loro familiari, il terrore degli imprenditori minacciati e dei politici che hanno assecondato gli interessi di quella rete. Se invece si vuole affrontare la questione del processo ai 46 imputati da un punto di vista puramente giuridico, allora si deve attendere la sentenza che è prevista prima dell'inizio dell'estate. Ma la società, come pure la politica, deve guardare oltre.

La mafia è mafia perché va a braccetto con la politica, non è solo omicidi e stragi.

Lirio Abbate, giornalista e scrittore. Comincia come cronista al "Giornale di Sicilia", poi passa all'agenzia "Ansa" e infine all'"Espresso", dove ora è vicedirettore. Ha firmato la prima inchiesta giornalistica su "Mafia Capitale". Tra i suoi libri "La lista", "I re di Roma" e "I complici".

L'eredità sconcia dell'impero di Corleone

di Enzo Russo

Allora, si può sapere dov'è finita la mafia? Se lo chiedono in tanti, mentre gli ergastolani invecchiano e muoiono, i cosiddetti pentiti si annoiano nelle loro nuove e opache identità, i migliori film sul tema diventano dei classici e i cronisti specializzati si specializzano in altri settori. Tutte le mafie fin qui censite, da quella nota solo a Joe Petrosino e a pochi altri fino ai boati di Capaci e via Mariano d'Amelio, passando per cosche, faide, cupole, lupare bianche, droga, padrini americani e palermitani, hanno avuto un denominatore comune e assolutamente obbligatorio: la violenza e il sangue, che hanno generato una paura quasi genetica, meglio nota come omertà.

Ma le due stragi, orrendamente spettacolari, anziché imporre definitivamente il potere mafioso, hanno portato all'annientamento dell'impero corleonese, dalle cui ceneri, a poco a poco, sono fioriti comitati d'affari prima asserviti alla brutalità dei padroni e via via, increduli per tanta fortuna, sempre più arroganti, sicuri di sé fino all'imprudenza e all'impudenza, capaci di diramare metastasi in tutti gli organi vitali della società. Ecco, la nuova mafia sarebbe questa.

E il sangue? Senza il sangue si può ancora definirla così? E con quale altro nome si potrebbe ribattezzarla, mantenendo fermo il certificato di nascita criminale dal quale tutto ha avuto avvio?

Torna alla memoria un celeberrimo, geniale caso di trasformismo linguistico entrato ormai da decenni nel linguaggio internazionale. Alla fine della Seconda guerra mondiale, quando i due blocchi cominciarono ad affrontarsi con le armi dello spionaggio, della propaganda, delle accuse, venne coniata una definizione bizzarra: Guerra fredda, in contrapposizione a quella vera e devastante conclusa da poco. Oggi si potrebbe definire l'azione di questi comitati d'affari, da Mafia Capitale alla falsa antimafia siciliana, Mafia fredda? No, decisamente suona male. Ma è già qualcosa, in attesa di proposte migliori.

Enzo Russo, scrittore e saggista. Ha pubblicato trentadue romanzi tradotti in diciannove lingue tra i quali "Nato in Sicilia", "Memorie di un traditore" e "Né vendetta né perdono". Il suo libro più famoso è "Uomo di rispetto".

Evoluzioni criminali

di Roberto Scarpinato

Non è possibile, a mio parere, cogliere le evoluzioni in corso delle mafie, se si continuano ad utilizzare griglie di analisi ed apparati concettuali della Prima Repubblica. Nell'ultimo quarto di secolo si è verificata infatti un'accelerazione della storia senza precedenti che sta "rottamando" la costituzione materiale del Paese, il suo assetto socio-economico, il rapporto Nord-Sud. Tale riassetto globale non ha scompaginato solo la società civile legale ma anche quella illegale, innescando una sorta di selezione della specie criminale che condanna all'obsolescenza le forme criminali incapaci di adattarsi al nuovo corso e premia invece quelle in grado di evolversi cavalcando la transizione.

La mafia tradizionale meridionale che aveva le sue principali fonti di lucro nell'estrazione violenta di risorse dai territori tramite le estorsioni, nella compartecipazione al sistema di predazione dei fondi pubblici e nella costruzione di posizioni oligopolistiche nel settore edilizio, ha visto progressivamente disarticolato il proprio habitat socio-economico a seguito della riduzione strutturale della spesa pubblica che costituiva il volano dell'economia assistita meridionale e dell'esaurirsi del ciclo edilizio. Le manifestazioni classiche della mafia predatrice proseguono ma all'interno di territori sempre più impoveriti, in un contesto nazionale che ha rimosso la questione meridionale dall'agenda politica.

Basti considerare che, ad esempio, oggi in Sicilia le famiglie a rischio di povertà sono il 55,4%, in Calabria il 44,2%, in Campania il 46%, a fronte di una media nazionale del 28%. A fronte di tale regressione della specie mafiosa tradizionale, speculare ai territori di radicamento, si registra invece l'evoluzione prorompente della cosiddetta mafia mercatista, operante elettivamente nei territori del Centro-Nord nei quali il reddito pro capite è di molto superiore, che, cavalcando gli *animal spirits* del tempo, offre sul libero mercato beni e servizi illegali per i quali a seguito della globalizzazione è esplosa una domanda mondiale di massa alimentata da cittadini "normali", i quali chiedono droghe, prostitute, gioco di azzardo, prodotti griffati contraffatti, tabacchi detassati, e, se operatori economici, servizi e prestazioni che consentono di abbattere i costi di produzione, come, ad esempio, lo smaltimento illegale dei rifiuti industriali.

La mafia mercatista, definita "silente" dalla Corte di Cassazione, rischia di divenire invisibile perché, a differenza di quella classica, instaura con i territori e le popolazioni locali un rapporto non aggressivo ma collusivo all'insegna dello scambio e della reciproca convenienza.

Roberto Scarpinato, magistrato e saggista. Per tanti anni sostituto procuratore della Procura di Palermo. Poi procuratore generale a Caltanissetta. Oggi procuratore generale a Palermo. Ha scritto numerosi testi in materia di criminalità organizzata e poteri illegali. Ha firmato anche "Il ritorno del Principe" (con Saverio Lodato).

I visionari che raccontano le mafie

di Roberto Saviano

Dove trovare, ora, un'immagine, un volto, una traccia di tutto quello che è mafia.

Dov'è oggi la mafia? Come facciamo a riconoscerla? Letizia Battaglia è stata l'occhio che ha raccontato al mondo, forse più di chiunque altro, rendendolo archetipo, il concetto complicatissimo di mafia. Attraverso immagini: bambini che giocano con armi, corpi dilaniati dalla lupara, volti sfigurati dalle urla, silenziosi drappi neri. La sua arte, mostrare senza fare scempio, descrivere senza creare distanza. Erano gli Anni Ottanta e la mafia non esisteva, anzi, per esprimere meglio il concetto: non doveva esistere. Oggi chiudiamo un cerchio durato quasi quarant'anni e costato la vita a centinaia di persone. Oggi, come agli albori della lotta alla mafia, la mafia è tornata a non esistere.

Chi ne parla è visionario, la vede ovunque, si arricchisce parlandone, scrivendone, raccontandola. Chi ne parla diffama, rovina nel mondo l'immagine dell'Italia. Della mafia non bisogna parlare e non solo per volontà della mafia, ma per preservare carriere politiche. Quando sentiamo dire che chi parla di mafie diffama, in realtà il sottotesto è: chi parla di mafie mette in pericolo la credibilità politica di chi amministra territori a rischio; chi parla di mafie, ed è ascoltato oltre i confini dell'Italia, mina la credibilità di governi deboli, che non considerano la lotta alle mafie una priorità.

Dov'è oggi la mafia? È la domanda che Letizia Battaglia, dopo averla raccontata per anni, ha fatto ad Attilio Bolzoni per il suo blog Mafie su *Repubblica.it*. A me questa domanda la fanno spessissimo i giornalisti stranieri quando vengono in Italia, quando vanno a Palermo, a Reggio Calabria, a Bari o a Napoli e non riescono a riprendere o a essere testimoni di aggressioni o sparatorie. Quando non riescono a vedere da vicino come funziona il racket, quando non si accorgono della violenza che modella interi quartieri e che non si può sovrapporre a quella mostrata da un film o da una serie televisiva che condensa tutto, che sceglie una prospettiva.

Chi non vede le mafie oggi, forse, non le sta cercando o non le sta cercando nel modo giusto.

Prima mafia era sinonimo di povertà e degrado, oggi in parte è ancora così nei suoi luoghi d'elezione, ma altrove la mafia è imprenditoria, è appalti, è speculazione economica, è infiltrazione di aziende, è scalata a colossi bancari. Oggi è difficile vedere la mafia perché è simile a tutto il resto.

Generazioni che hanno visto la mafia, da fenomeno sconosciuto al mondo, diventare centrale, conosciuto, affrontato, raccontato, persino cercato come fonte inesauribile di racconto, oggi devono mutare il proprio sguardo e capire che cercare la mafia dove si spara vuol dire osservare solo un segmento, vuol dire magari provare a raccontarlo e a fermarlo senza individuare la vena che lo alimenta.

Oggi la mafia non è invisibile, è solo che non viene più cercata. E non viene più cercata anche perché ci siamo convinti di averla trovata, vista, conosciuta. E quindi finiamo per fare come i giornalisti stranieri, che alzano le braccia e dopo una settimana a Napoli, se non hanno ripreso una sparatoria, pensano di non aver portato a casa il lavoro. Di dover abbandonare l'argomento e, in ultima istanza, si convincono che in fondo la mafia non esiste davvero, che ormai è solo un'invenzione letteraria, qualcosa che nel passato c'era ma che la modernità ha debellato. Senza lupara diventa complicato raccontare.

Eppure la lupara c'è e ci sono i morti a terra, e c'è sangue, innocente o colpevole, che lorda e non chiede più vendetta. Se muori per sbaglio, arrivano promesse di telecamere, di maggiore controllo e poi la realtà è che interi quartieri a Napoli per le forze dell'ordine sono off limits. Se muori da pregiudicato, sei nato e cresciuto in un territorio che spesso non dà scelta, non in determinate condizioni, "uno in meno", questo si ripete per non affrontare il fallimento. E allora si segue la regola cinica che molti hanno scelto di darsi, di mafia si può parlare, ma solo in tre casi: quando ci sono morti eccellenti (Falcone diceva, provocando, che ci vogliono due morti eccellenti l'anno per combattere la mafia); quando ci sono molti, moltissimi morti (nell'ordine di due, tre al giorno, uno a settimana non basta); oppure quando l'argomento mafia viene utilizzato per raccontare il potere, quando l'opinione pubblica mette immediatamente in connessione la criminalità organizzata e il governo in carica.

E non si creda che sia più facile raccontare laddove si spara: non è stato così per anni, per decenni. Pur essendoci stati morti e processi, pur essendoci stati martiri, comunque non si arrivava oltre la pagina locale, l'informazione era considerata marginale dall'opinione pubblica nazionale e internazionale.

Questo vale per il Messico, per l'Italia, per l'Albania e vale ancora di più per Paesi come l'Inghilterra, la Spagna, la Francia, che hanno sul loro territorio organizzazioni criminali assai complesse che tuttavia, anche quando ci sono morti, non riescono a essere raccontate, per impreparazione culturale e per i limiti di certo giornalismo. I morti in Inghilterra vengono ascritti a un problema minore; i morti in Francia mai collegati alla mafia. Si usano parole che abbiano un impatto diverso, che creino meno preoccupazione, meno allarme: e allora a sparare sono gang e non organizzazioni criminali strutturate, dedite al narcotraffico e che tengono sotto il loro giogo interi quartieri.

In tutto questo l'Italia è vittima di un cortocircuito: invece di essere fiera di poter vantare la più forte antimafia del pianeta, capace di raccontare le mafie in tutto il mondo, si è vergognata e ha associato la parola mafia a una sintassi di delegittimazione.

Ci siamo vergognati e ci nascondiamo dietro la giustificazione: non siamo solo mafia.

E invece proprio non raccontandola si diventa un territorio fatto di corruzione nel quale non c'è spazio per alcuna distanza da questi mondi. E il cerchio si chiude: la Democrazia Cristiana per anni ha utilizzato un'espressione terrificante, omertosa, per fermare qualsiasi tipo di narrazione sulle mafie: stai parlando male dell'Italia.

Oggi è esattamente quello che si sente dire chiunque parli di mafie a Napoli, a Palermo, a Bari, a Milano, a Reggio Calabria, a Modena, a Torino: stai parlando male e ti arricchisci con le mafie. Un mantra democristiano usato oggi da chiunque abbia interesse personale nel bloccare un racconto. Come se parlare di cancro, come se dare informazioni su come affrontare la malattia, facesse ammalare. Come se a chi analizza i nostri mari e trova le coste piene di fecalomi e cadmio (merda e veleno) si dicesse: stai insultando il nostro mare che è stato solcato dai Greci e che è la meraviglia della nostra terra.

E attenzione a ritenere questo atteggiamento superficialità o orgoglio nazionale, non è né l'una, né l'altro, ma calcolo e omertà. Non stupiamoci, la parola mafia, per molto tempo impronunciabile, è tornata a esserlo.

Parola per la quale ci si è battuti per farla esistere e che ora si è consumata, consumata dall'abuso non dall'uso: dove tutto è mafia, niente è mafia.

Allora per capire dove sono le mafie oggi bisogna aguzzare la vista e strizzare gli occhi. I morti a terra ci sono ancora, ma non sono della quantità giusta e nei luoghi giusti per farli diventare morti d'interesse. Quindi, a ben vedere, non è solo la mafia ad essersi camuffata, a essersi capitalistizzata; non è solo la mafia ad essersi imborghesita: è il capitalismo che si è mafiosizzato; è la borghesia che si è mafiosizzata. Il comportamento che prima era evidentemente espressione di un Dna criminale oggi è espressione dell'economia tutta. E allora dov'è la mafia? Londra è la città del pianeta in cui si ricicla più denaro. Dov'è la mafia?

Il Presidente Trump non avrebbe potuto avere vantaggio nell'edilizia senza la "famiglia" Genovese e la "famiglia" Gambino. Ma tutto questo ormai non conta più, perché per la comunicazione la criminalità organizzata, in ogni sua forma, è meno spaventosa delle teste mozzate e dei teatri in cui si sparge sangue. Salvo poi ignorare che quello che spacciano per radicalismo islamico non è altro che l'ennesima declinazione di organizzazioni criminali tradizionali, dedite alla produzione di sostanze stupefacenti, al narcotraffico, al contrabbando, all'estorsione.

La differenza: Isis ha studiato, lavorato e scelto come presentarsi al mondo e, soprattutto, come farsi raccontare.

Roberto Saviano, giornalista, scrittore e saggista italiano. È diventato famoso in tutto il mondo con "Gomorra". Tra gli altri suoi libri "La paranza dei bambini", "ZeroZeroZero" e "La bellezza e l'inferno".

La mafia dopo Totò Riina

di Attilio Bolzoni

Sarà la mafia stessa a dirci chi sarà il suo nuovo capo. Al momento giusto ce lo farà sapere, forse con qualche morto per strada o forse con un boss che si "butterà" latitante di sua volontà. Così, da un giorno all'altro, senza conti con la giustizia da regolare. Un boss in libertà che sceglierà la clandestinità. Per governare in segreto la sua società segreta. Un sacrificio per la causa.

Oggi si sta aprendo una nuova epoca mafiosa. La Cosa Nostra è pronta alle sue elezioni più importanti dalle 3.37 di ieri 17 novembre 2017, un venerdì per niente nero per la mafia siciliana che finalmente si è liberata di quel "pazzo" di Totò Riina che con la guerra allo Stato l'ha portata verso la rovina. Il nuovo capo dei capi sarà il capo di tutti. Non solo di Palermo. C'è anche Agrigento, c'è Trapani, c'è Caltanissetta, c'è soprattutto Catania con i suoi immensi patrimoni nascosti. La Cupola dovrà rappresentare tutte le province e tutte le fazioni, falchi e colombe, detenuti e scarcerati, ricchi e poveri, giovani e vecchi.

Di sicuro non sceglieranno Matteo Messina Denaro, un trapanese che "non unisce" e che si è fatto per troppo tempo soltanto gli affari suoi. Di sicuro Corleone – per tutti i guai che ha portato all'organizzazione – sarà cancellata dalle mappe geografiche mafiose anche se circolano certe voci su parenti stretti dei Riina. Di sicuro sono tornati gli "scappati", gli Inzerillo e i Di Maggio, quei boss riparati negli States e sopravvissuti allo scontro infuocato degli Anni Ottanta e che vogliono avere voce in capitolo adesso che lo "zio Totò" non c'è più.

"Finché c'è lui vivo, non si vede luce", sussurravano fra loro i Capizzi di Villagrazia già nel 2008 mentre tentavano di ricostituire il "parlamentino" mafioso e venivano intercettati e catturati dai carabinieri.

La Cupola non si riunisce più dal 15 gennaio del 1993 – giorno del misteriosissimo arresto di Totò Riina – e oggi c'è una mafia fatta da tanti "partiti", maggioranze che si compongono e si scompongono, se sarà guerra o pace lo vedremo nei prossimi mesi. Può accadere di tutto.

Come sceglieranno il capo dei capi? La Cupola di Palermo come sempre avrà più peso sul resto della Sicilia.

Ci sono tre nomi che girano più di altri in questo toto-mafia palermitano. Uno è quello di Giuseppe Guttadauro, ex aiuto primario di chirurgia all'ospedale Civico, originario del quartiere Brancaccio, un cervello fino che una volta fu avvertito persino dall'ex governatore Totò Cuffaro (appena tornato a far politica) che qualcuno aveva piazzato delle miscrospie nel suo salotto. Guttadauro vive a Roma, vicino alla stazione Ostiense. Fa volontariato in un'associazione, organizza cene nella sua bella casa, incontra tanti personaggi. È libero dal 2012.

Il secondo della lista è Gaetano Scotto, boss della borgata dell'Arenella, mafioso con tante entrature nei "servizi". Ogni mattina passeggia tranquillo fra i vicoli che portano alla vecchia tonnara, attualmente è indagato per l'omicidio del poliziotto Nino Agostino ucciso nell'estate del 1989. È libero dal 2016.

Il terzo accreditato come possibile nuovo capo si chiama Giovanni Grizzaffi, è di Corleone ed è nipote di Totò Riina. Si è fatto quasi un quarto di secolo di carcere e ha quasi settant'anni. È libero dal luglio 2017. La mafia del paese punta su di lui per continuare la saga dei corleonesi, ma i boss di Palermo non ne vogliono sapere di ritrovarsi una fotocopia del vecchio Riina fra i piedi.

Poi ci sono mafiosi meno conosciuti ma che hanno preso il controllo dei "mandamenti" a Palermo. Sono loro i rappresentanti di quelle strutture criminali che dovranno prima riunirsi, dare forma alla Cupola e poi eleggere il capo. Ogni quartiere ha già il suo referente, come ha scritto il nostro Salvo Palazzolo sulle pagine di "Repubblica Palermo". Alla Noce c'è Francesco Sciarratta, Vincenzo Di Maio è all'Acquasanta, Salvatore Sorrentino ai Pagliarelli, Massimo Mulè a Porta Nuova, Angelo Vinchiaturo a Brancaccio, Gaspare Parisi al Borgo Vecchio, Giuseppe Serio a Tommaso

Natale, Filippo Adelfio a Villagrazia. Sono i "colonnelli" di quel che è rimasto dell'esercito di Cosa Nostra dopo la repressione poliziesca giudiziaria scatenata dal delirio di Totò Riina. Saranno loro a inventarsi un futuro.

In qualche mandamento c'è già stata qualche "ammazzatina". Apparentemente piccoli regolamenti di conti. Come quello pagato da Giuseppe Dainotti, assassinato perché si allargava troppo. Il dato significativo di questo omicidio non è l'esecuzione del mafioso ma "quando" è avvenuta. Il 22 di maggio scorso, il giorno prima delle commemorazioni per il venticinquesimo anniversario della strage di Capaci con tutto lo Stato – il Presidente della Repubblica Mattarella e il Presidente del Senato Grasso in testa – in arrivo a Palermo. La scelta di sparare proprio alla vigilia delle celebrazioni è stata come un "avvertimento", come se una fazione di mafia avesse voluto far sapere all'altra che sono tempi ancora buoni per spargere sangue. Un clamore che, lì dentro, non è piaciuto a tutti. Certi equilibri instabili prima o poi si faranno sentire nella mafia di Palermo. A meno che i capi mandamento non trovino l'uomo giusto che possa mettere tutti d'accordo, un vero capo. Uno capace di amministrare le finanze dell'organizzazione e dirimere contrasti, uno in grado di "ragionare" e trascinare fuori dalla crisi economica e d'identità – dopo la sciagurata gestione dei corleonesi – la loro Cosa Nostra. Uno così non può fare il capo né dal carcere né da casa, intesa come residenza ufficiale. Ecco perché – anche se non è nella tradizione della

174

mafia siciliana – qualche investigatore ipotizza che il predestinato a traghettare la "compagnia" verso giorni migliori possa scegliere volontariamente la latitanza. Se prima delle stragi alcuni boss ricercati si consegnarono spontaneamente – il caso di Salvatore Greco detto "il senatore" – per marcare in qualche modo il loro dissenso alle bombe, perché non valutare il percorso contrario per inaugurare una nuova stagione mafiosa?

Abbiamo già parlato degli "scappati". Meritano una riflessione in più. Dati per finiti alla fine degli Anni Ottanta, ospitati dai "cugini" americani di Cherry Hills ma con divieto assoluto di vivere in Sicilia, ad uno ad uno sono tornati silenziosamente a Palermo e si sono acquartierati dove erano nati. A Passo di Rigano, all'Uditore, a Bellolampo. Superstiti ma con il portafoglio gonfio. A loro non sono mai stati confiscati i patrimoni accumulati con vent'anni di traffici di droga. Intatte o quasi le loro ricchezze. Hanno dalla loro parte la "tradizione", hanno il denaro, hanno voglia di riprendersi quello che hanno perso per colpa di Totò Riina.

Ma c'è un'altra incognita. C'è una mafia che conosciamo e c'è una mafia della quale sappiamo nulla. Una sorta di "Cosa Nuova" già annunciata dai pentiti più informati. C'è davvero? E, se c'è, da chi è rappresentata? Chi sono? Imprenditori amici che hanno ereditato denaro e relazioni? Insospettabili e uomini senza passato?

Poi, chissà se Corleone resterà davvero a guardare. La mafia cresciuta ai piedi della Rocca Busambra si accontenterà di farsi sotterrare come "storia"? Come "Tombstone", pietra tombale, come era conosciuta in America nel 1955. Corleone si ridurrà a diventare solo la Corleone cinematografica di Mario Puzo che ne *Il Padrino* chiamò – anticipando il resto del mondo – il protagonista del suo libro Vito Corleone? Vito come Ciancimino e Corleone come il paese. Resterà solo il "nome" a Corleone?

Tratto dal quotidiano "la Repubblica" del 18 novembre 2017

Gli autori

- Attilio Bolzoni
- Salvo Palazzolo
- Tina Montinaro
- Luca Tescaroli
- Gherardo Colombo
- Sergio Lari
- Bianca Stancanelli
- Giuseppe Ayala
- Salvatore Cusimano
- Maurizio De Lucia
- Pietro Grasso
- Rosy Bindi
- Maria Falcone
- Claudio Fava
- Andrea Orlando
- Giovanni Paparcuri
- Lirio Abbate
- Angiolo Pellegrini
- Maurizio Costanzo

- Alfonso Giordano
- Francesco La Licata
- Vincenzo Scotti
- Letizia Battaglia
- Marcelle Padovani
- Emanuele Macaluso
- Francesco Merlo
- Umberto Santino
- Piergiorgio Morosini
- Enrico Bellavia
- Alessandra Dino
- Giuseppe Di Lello
- Sebastiano Ardita
- Dario Del Porto
- Francesco Viviano
- Enzo Russo
- Roberto Scarpinato
- Roberto Saviano

Indice dei nomi

Mafie
da un'idea di Attilio Bolzoni

i Tascabili Melampo

Catalogo Melampo. Le storie

Davide Mattiello, *L'onere della prova*, 2015

Franco La Torre, *Sulle ginocchia. Pio La Torre, una storia*, 2015

Giovanni Innamorati, *Il Parlamento. Biografia non autorizzata*, 2015

Gaetano Savatteri - Francesco Grignetti, *Mafia Capitale*, 2015

Giuseppe Civati - Andrea Pertici, *Appartiene al popolo*, 2014

Antonio Gramsci, *La questione meridionale*, a cura di Nando dalla Chiesa, 2014

Alberto Spampinato, *C'erano bei cani ma molto seri*, 2014

Marcello Cozzi, *Poteri invisibili*, prefazione di Carlo Lucarelli, 2014

AA.VV., *A Sinistra! Un futuro possibile*, 2014

Benny Calasanzio Borsellino, *Abbiamo vinto noi*, 2014

Nando dalla Chiesa, *I fiori dell'oleandro*, 2014

Alessandra Ballerini, *La vita ti sia lieve*, prefazione di Erri De Luca,
postfazione di Fabio Geda, 2013

Marika Demaria, *La scelta di Lea*, introduzione di Nando dalla Chiesa, 2013

Andrea Camilleri, *I racconti di Nené*, 2013

Enrico Berlinguer, *Casa per casa, strada per strada*,
prefazione di Eugenio Scalfari, a cura di Pierpaolo Farina, 2013

Ombretta Ingrascì, *Confessioni di un padre*, prefazione di Enzo Ciconte, 2013

Raffaele Sardo, *Come nuvole nere*, prefazione di Paolo Siani, 2013

Leoluca Orlando, *Il futuro è adesso*, 2013

Alessio Cordaro - Salvo Palazzolo, *Se muoio, sopravvivimi*, 2012

Antonio Ingroia, *Palermo*, 2012

Giampiero Rossi, *Amianto*, prefazione di Susanna Camusso, 2012

Attilio Bolzoni, *Uomini soli*, 2012

Emiliano Guanella, *Ho visto Maradona (senza pallone)*,
prefazione di Gigi Garanzini, 2012

Giovanna Caldara - Mauro Colombo, *Tanto tu torni sempre*, 2012

Gian Carlo Caselli, *Assalto alla giustizia*, prefazione di Andrea Camilleri, 2011

Nando dalla Chiesa, *Lo statista. Francesco Cossiga,
promemoria su un presidente eversivo*, 2011

Edmondo Rho, *Il suicidio*, prefazione di Giuliano Pisapia, 2011

Paola Arrigoni, *Terre di nessuno*, prefazione di Stefano Boeri, 2011

Gina Lagorio, *Parlavamo del futuro*, prefazione di Furio Colombo, 2011

Giovanna Ferrero, *Ci scusiamo per l'interruzione*,
prefazione di Marco Travaglio, 2011

Giuseppe Civati, *Il manifesto del Partito dei giovani*, 2011

Mario Portanova - Giampiero Rossi - Franco Stefanoni, *Mafia a Milano*,
introduzione di Nando dalla Chiesa, 2011

Nando dalla Chiesa, *La Convergenza*, 2010

Valentina Furlanetto, *Si fa presto a dire madre*, 2010

Antonino Caponnetto, *Io non tacerò*, a cura di Maria Grimaldi, 2010

Danilo Dolci, *Il potere e l'acqua*, prefazione di Nando dalla Chiesa, 2010

Diego Novelli, *Ritratti*, 2010

Nando dalla Chiesa, *Poliziotta per amore*, 2010

Giovanni Belfiori - Giorgio Santelli, *Berlusconario*,
prefazione di Marco Travaglio, 2010

Giovanni La Torre, *Il grande bluff*, prefazione di Curzio Maltese,
introduzione di Mario Portanova, 2009

Alberto Marcheselli, *Magistrati dietro le sbarre*, 2009

Giuseppe Civati, *Regione straniera*, prefazione di Nando dalla Chiesa, 2009

Riccardo Orioles, *Allonsanfan*, 2009

Claudia Mauri, *Tutte le donne del Presidente*, 2009

Gian Carlo Caselli, *Le due guerre*, postfazione di Marco Travaglio, 2009

Gianni Barbacetto, *Se telefonando*, prefazione di Roberto Scarpinato, 2009

Lidia Ravera, *La donna gigante*, 2009

Enrico Deaglio - Beppe Cremagnani - Mario Portanova,
Governare con la paura, 2009

Sergio Zabot - Carlo Monguzzi, *Illusione nucleare*,
prefazione di Ermete Realacci, 2008

Carlo Brambilla, *L'infiltrato*, 2008

Raffaele Sardo, *La Bestia*, prefazione di Roberto Saviano, 2008

Mario Portanova, *Inferno Bolzaneto*, prefazione di Giuliano Pisapia, 2008

Roberto De Monticelli, *Inviato speciale*, 2008

Claudia Mauri, *Come diventare gay in cinque settimane*, 2008

Franco Stefanoni, *Il finanziere di Dio*, 2008

Giampiero Rossi - Simone Spina, *I boss di Chinatown,*
introduzione di Nando dalla Chiesa, 2008

Mauro Colombo, *Cent'anni da interisti*, prefazione di Beppe Bergomi, 2008

Giorgio Strehler, *Nessuno è incolpevole*, a cura di Stella Casiraghi, 2007

Massimo Arcidiacono, *Lo chiamavano Giacinto*, 2007

Nando dalla Chiesa, *Delitto imperfetto*, 2007

Vito Bavaro, *Dei diritti e delle pene*, prefazione di Giorgio Galli, 2007

Franco Stefanoni, *Il codice del potere*, 2007

Andrea Riscassi, *Bandiera arancione la trionferà*,
prefazione di Pietro Marcenaro, 2007

Laura Maragnani - Isoke Aikpitanyi, *Le ragazze di Benin City*, 2007

Lella Costa - Maurizio Carrara, *Ho abbracciato il dugongo*, 2006

Nando dalla Chiesa, *Le ribelli*, 2006

Diego Novelli, *Com'era bello il mio Pci,* 2006

Pier Michele Girola - Gian Luca Mazzini - Alberto Picci, *Sistema Juventus*, 2006

Nando dalla Chiesa, *Quattro a tre*, 2006

Rita Borsellino, *Nata il 19 luglio*, a cura di Livio Colombo, 2006

Salvatore Grillo, *via Bocconi 12*, 2006

Bruno Vecchi, *Non lo fo per piacer mio,* 2006

Chiara Acciarini - Alba Sasso, *Prima di tutto, la scuola*,
prefazione di Tullio De Mauro, 2006

Nando dalla Chiesa, *vota Sìlviolo!*, 2005

Mario Consani, *Foto di gruppo da Piazza Fontana*, prefazione di Dario Fo, 2005

Gian Carlo Caselli, *Un magistrato fuori legge*, 2005

Luigi Ferro - Giampiero Rossi, *Le memorie di Adriano
(quello vero)*, prefazione di Roberto Vecchioni, 2005

Di sana e robusta Costituzione, come è come la vorrebbero,
con interventi di N. dalla Chiesa, N. Mancino, V. Onida,
A. Spataro, R. Zaccaria, 2005

Enzo Gentile, *Legata a un granello di sabbia*, prefazione di Gianni Mura, 2005

Livia Pomodoro, *A quattordici smetto*, 2005

Lidia Ravera, *In fondo, a sinistra...*, 2005

Nando dalla Chiesa, *La fantastica storia di Silvio Berlusconi*, 2004

Finito di stampare nel mese di gennaio 2018
presso Geca Srl – San Giuliano Milanese (MI)